L'encyclopédie du bien-être

RETROUVEZ JEAN

Retrouvez Jean sur tous les réseaux sociaux ainsi que ses formations et événements sur son site Internet : www.jeanlaval.com. Des articles vous y attendent mais également des formations sur la méditation, la confiance en soi, l'estime de soi, ainsi que des cours de yoga en ligne. De quoi faire passer votre vie au niveau supérieur !

Pour en savoir plus, rendez-vous à la fin du livre.

JEAN LAVAL

L'encyclopédie du bien-être

J'AI LU BIEN ÊTRE

Je dédie ce livre à chaque personne
qui est prête à se remettre en question
et à fournir les efforts nécessaires
pour créer tout changement qu'elle souhaite
expérimenter dans sa réalité au quotidien.

SOMMAIRE

AVANT-PROPOS

Le meilleur investissement ? C'est toi !

« Quelle vie veux-tu avoir
dans quelques années ?
Telle est la question. »

Si tu te retrouves aujourd'hui à lire ces lignes, c'est probablement parce que tu as fait le choix de dépenser ton argent dans cet ouvrage, que tu as investi dans ton bien-être. Peut-être que ce livre révolutionnera ta vie, peut-être que non, mais la chose la plus importante et pour laquelle je tenais à te féliciter c'est ton investissement en toi-même.

La majorité des personnes préféreront acheter un tee-shirt, ou bien sortir boire un verre avec des amis, mais toi tu as décidé de dépenser ton argent dans un ouvrage qui te fera évoluer. Dès lors, tu fais partie des 3 % de la population prêts à changer leur quotidien.

Investir n'est pas seulement dépenser de l'argent, comme trop souvent nous le pensons de façon simpliste. Non, investir c'est aussi investir du temps, de l'énergie ou encore de l'attention. Et je suis sincèrement convaincu que le meilleur investissement c'est celui que l'on fait envers soi-même. Pourquoi ? Car tu ne pourras pas le perdre. Investir en soi, c'est avoir la garantie que ce que l'on apprend, que les compétences que l'on acquiert restent en nous. On peut perdre beaucoup d'argent, de temps, d'énergie, mais on ne peut pas perdre des choses acquises. Or, c'est tout ce savoir accumulé qui va te forger et t'amener à matérialiser ta vie souhaitée.

« Si tu n'es pas satisfait de quelque chose
dans ta vie, regarde l'investissement
que tu mets dans ce domaine
et alors tu comprendras. »

Ainsi, laisse-moi te poser une question : combien d'argent dépenses-tu chaque mois dans ton développement personnel ? Combien d'argent dépenses-tu dans des conférences, des formations, des livres ? Je te laisse en tirer tes propres conclusions. Si tu souhaites développer l'état d'esprit d'un gagnant, d'un leader, de quelqu'un qui réussit ses projets et matérialise sa vie rêvée, il va te falloir cesser de rechercher le plaisir à court terme.

Par conséquent, acheter ce livre est un premier pas dont tu peux être fier. Mais si cet investissement est un bon point de départ pour matérialiser ta vie souhaitée, sache que ce n'est que le début. Je ne te cache pas qu'un long chemin t'attend, rempli d'obstacles, et j'aspire à ce que ce livre constitue pour toi un guide, une carte, une référence sur laquelle t'appuyer.

Je voulais également, en guise d'introduction à cet ouvrage, insister sur un élément clé de toute réussite, afin qu'il soit présent dans ton esprit tout au long de ta lecture : la patience. Si tu veux réussir, et ce peu importe ton projet, il va te falloir non seulement agir différemment, accepter de faire des sacrifices, mais aussi et surtout savoir être patient. Dans un premier temps, tu devras renoncer à la semaine de quatre heures, aux soirées entre amis et aux week-ends de libre, mais crois-moi, cela en vaut la peine. Ces sacrifices ne sont qu'une période à passer avant de pouvoir profiter toute ta vie du fruit de ton travail.

À partir du moment où tu penses long terme, tu parviendras à atteindre ton objectif. Pour t'illustrer cela, prenons l'exemple du temps de loisirs. Quand tu as prévu de travailler sur tes projets et que tu préfères choisir la facilité et te prélasser dans ton canapé, que te dis-tu ? Que prendre un peu de temps libre ne fait pas de mal ? C'est vrai tu as raison de profiter et de t'offrir des temps de repos, mais penser de cette façon c'est penser à court terme. Car, dès lors que tu penses au fait que tu n'avances pas vers ta vie rêvée et que tu es en train de perdre un temps précieux, tu as déjà beaucoup plus de facilité à te mettre au travail.

Comprends bien que toutes les actions que tu entreprends ne vont pas toutes avoir un impact aujourd'hui. Parfois, il va falloir attendre. Mais une chose est sûre, elles auront toutes un impact. Combien de personnes abandonnent avant d'avoir eu des résultats alors que ceux-ci allaient arriver ? Beaucoup trop ! Ne fais plus partie de ces personnes-là et rejoins celles qui persévèrent jusqu'au bout.

Ta manière de penser, tes actions, tes habitudes peuvent être comparées à des bambous. Il te faut les arroser pendant un bon moment sans voir aucun résultat, avant qu'ils ne se développent en un temps record. La patience sera donc ta plus grande alliée dans ton chemin vers la vie qui t'inspire.

Aussi, dans ce livre, tu trouveras une multitude de conseils, d'astuces, d'habitudes à adopter et à développer. Certaines feront écho en toi et d'autres non. Mais toutes prendront un certain temps avant d'être assimilées et de produire des résultats conséquents. Si tu n'oublies pas d'arroser quotidiennement les graines que ce livre plantera dans ton esprit, bientôt tu te retrouveras avec un magnifique verger.

Demande-toi « qu'est-ce qui m'empêche de vivre ma vie rêvée ? » et commence à agir par là.

Avec tout mon amour,
Jean

QUI SUIS-JE ?

« Je suis parti de très loin,
et en changeant les choses
qui ne me convenaient pas
dans mon quotidien,
j'ai transformé ma vie. »

Si tu ne me connais pas, alors peut-être que tu te demanderas qui je suis pour avoir la prétention d'écrire une encyclopédie sur le bien-être et j'aimerais apporter une réponse à ta question en toute humilité.

Je suis Jean Laval, on pourrait me dire formateur, coach en développement personnel, professeur de yoga ou encore conférencier, mais finalement je suis simplement quelqu'un qui souhaite partager avec toi les leçons que j'ai apprises au cours de mes expériences et lectures. En bref, je suis quelqu'un qui a réussi à réaliser ses rêves et qui souhaite t'aider à faire de même.

Durant mes jeunes années, j'avais une vie « parfaite » d'un point de vue extérieur. Constamment entouré d'amis, je participais à d'immenses fêtes où je consommais toutes sortes de substances. L'excès était devenu ma réalité, ma norme, mais ce que je ressentais à l'intérieur de moi était tout autre. En toute honnêteté, je ne me suis jamais senti aussi seul qu'à cette époque. C'était une période où je me sentais extrêmement mal, où mes relations n'étaient qu'éphémères et superficielles et où je ne souhaitais qu'une chose : m'évader de ma réalité par les drogues. Je fuyais tout simplement.

J'ai fui ainsi pendant plusieurs années jusqu'au jour où j'ai réalisé que fuir ne servait à rien. Que ce rêve que j'avais de voyager pouvait se réaliser à condition que j'affronte mes problèmes. Alors, j'ai arrêté toutes ces soirées, toutes ces substances et j'ai pris un billet d'avion. Un aller simple. Et le résultat fut au-delà de toutes mes espérances.

En cinq ans, j'ai visité une vingtaine de pays, je me suis rendu aux quatre coins du monde et cela a bouleversé ma façon de penser. Néanmoins, je continuais à travailler pour d'autres personnes que moi-même, je continuais à effectuer un travail qui ne me correspondait pas. Alors, j'ai agi dans la direction de mes rêves : j'ai allumé ma caméra et l'aventure YouTube a débuté.

Si je te raconte mon histoire ici, ce n'est pas pour te narguer, ou pour me montrer supérieur, loin de là. C'est simplement pour te montrer que si j'ai réussi à changer de vie, tu le peux aussi et ce livre t'y aidera. Je suis parti de très loin, et en changeant les choses qui ne me convenaient pas dans mon quotidien, j'ai transformé ma vie.

Aussi, ne fuis pas tes problèmes, mais affronte-les, ne regrette pas ton passé, mais accepte-le, ne place pas tes rêves en arrière-plan, mais donne tout ce que tu peux pour les réaliser.

Tel est le message qu'il me tient à cœur de partager avec toi.

LE VOUVOIEMENT

« Le vouvoiement c'est la supériorité d'une personne et la minimisation d'une autre. »

Un dernier élément que je souhaitais aborder avant de commencer ce livre est le vouvoiement. Comme tu l'auras remarqué dans ces premières pages, j'ai choisi d'adopter le tutoiement lorsque je m'adresse à toi. Cela n'est pas un hasard et je tenais à t'expliquer mon choix.

Le vouvoiement m'apparaît comme un outil de séparation. Il faut savoir qu'il a été instauré à l'époque romaine, dans le but de marquer une certaine hiérarchie. Ainsi, le peuple devait vouvoyer ses supérieurs tandis que les supérieurs tutoyaient le peuple. C'était donc clairement une marque de distinction et de pouvoir.

Même si aujourd'hui tout le monde vouvoie tout le monde, cette distinction est néanmoins restée et marque toujours une certaine distance. De là vient le fait que l'on vouvoie notre patron tandis que l'on tutoie nos amis. Or, je n'ai pas envie de cette hiérarchie, de cette marque de pouvoir et de distance entre mes lecteurs et moi-même. J'ai toujours tutoyé les personnes, même lors de rendez-vous professionnels, et cela me tenait donc à cœur de le faire dans ce livre.

Je sais que beaucoup de personnes sont attachées à cette forme de politesse, parce qu'elle marque selon elles une forme de respect. Mais ce qu'elles oublient c'est que l'on peut tout à fait être poli sans avoir de respect pour la personne à laquelle on s'adresse et inversement, avoir beaucoup de respect pour une personne et la tutoyer. Je pars du principe que, peu importe ton statut, ton âge, ou encore ton sexe, nous sommes tous deux des êtres humains, par là même nous sommes égaux. Ainsi, je te dois le respect tout comme tu me dois le respect, et je tiens à ce que cette forme de respect passe par le choix de mes mots, par la qualité de cet ouvrage et par l'énergie que je sacrifie à sa rédaction, non par une simple forme de politesse.

Tel est mon avis sur le vouvoiement. Je peux comprendre que tu en aies un autre différent du mien, mais dans le respect que je te dois je te tutoierai tout au long de cet ouvrage.

REPRENDS LE CONTRÔLE DE TON MENTAL

« Ton monde extérieur n'est que le reflet de ton monde intérieur. »

Si j'ai fait le choix de commencer ce livre par toute une partie consacrée à ton mental et à tes émotions, sache que ce n'est pas sans raison. En grande partie, tout repose sur ton mental. Que ce soit tes relations, tes habitudes, ton état de bien-être intérieur ou encore la réussite de tes projets, parties que nous aborderons par la suite, elles reposent toutes sur un élément essentiel : ton mental. Car ton monde extérieur n'est que le reflet de ton monde intérieur. Dès lors, il me paraissait plus qu'évident et nécessaire de commencer cet ouvrage en te donnant des clés pour mieux gérer ton mental.

En guise d'introduction à cette partie, commençons par voir le fonctionnement de tes émotions et quelques éléments clés à comprendre sur elles. Il faut savoir, tout d'abord, que tout élément extérieur que tu vas expérimenter (parole, regard, action, contexte, situation, etc.) va déclencher chez toi certaines pensées. Selon ces pensées, tu vas tout de suite ressentir des émotions qui amèneront par la suite à des actions.

En comprenant bien ce processus, tu peux te dire qu'il est quelque peu fataliste puisqu'il présente ton futur comme étant le résultat des éléments extérieurs, éléments sur lesquels nous n'avons aucun contrôle. Mais c'est compter sans le fait que tu peux agir sur ce processus, y apporter de la conscience, en apprenant à modifier tes pensées. Donc, pas de déresponsabilisation ici, tu es bien responsable de ta destinée.

Clarifions ces propos avec un exemple. C'est l'histoire de deux enfants, d'une vague, d'un impact et de deux comportements. Ainsi, deux enfants, similaires en tout point, s'amusent dans la mer quand une grosse vague apparaît et s'écrase sur eux. L'un d'eux se met alors à pleurer tandis que l'autre éclate de rire et demande à recommencer. Vois-tu où je veux en venir ? Face à un même élément extérieur, la vague, les deux enfants qui sont pareils vont penser différemment et vont donc expérimenter des émotions totalement différentes. Si maintenant, on élargit cela à une vie entière, à ton avis, lequel de ces deux enfants va être le plus heureux ? La réponse vient d'elle-même.

Aussi, pour terminer sur ce point, retiens bien que tu n'as aucun contrôle sur les éléments extérieurs, en revanche, tu auras TOUJOURS la possibilité de choisir comment tu réagis face à un événement. Lâche prise sur ce que tu ne peux contrôler et change ce que tu peux.

« Travaille sur ton monde intérieur,
sur ton interprétation des situations
et celles-ci changeront par elles-mêmes
l'impact qu'elles ont sur toi. »

Seulement, comment changer ta perception de l'événement ? Dès lors qu'un événement extérieur t'affecte et crée chez toi des pensées que tu juges désagréables, commence tout d'abord par voir toutes les choses positives qu'il y a à vivre dans cette situation, pense à long terme et vois ce que cela t'apportera dans quelques semaines, voire quelques années. Peut-être que tu pourras en rire avec des amis, ou que réussir à surmonter cette épreuve deviendra ta plus grande fierté. Peut-être même que tu inspireras d'autres personnes pour avoir vécu cet événement. Bref, il y a toujours du positif dans un événement, à toi de faire en sorte de le trouver, bien que l'idéal soit non pas de chercher le positif, mais d'être dans la neutralité pour simplement voir les choses telles qu'elles sont. Et là, tes pensées, tes émotions et ta manière de réagir changeront considérablement. Je te le garantis.

Néanmoins, même en apprenant à changer ta perception des événements, tu expérimenteras toujours des émotions dites négatives. Abordons donc ici, un peu plus en profondeur, ce qu'est une émotion.

Une émotion c'est une énergie en mouvement. D'ailleurs, si l'on décompose le terme « émotion » à partir de l'anglais, cela donne « *in motion* », signifiant « en mouvement ». Aussi, on peut comprendre de façon assez claire qu'une émotion particulière correspond à une énergie particulière. Par exemple, la colère correspond à une énergie précise et la joie à une autre. Partant de ce postulat-là, il n'y a ni émotions négatives, ni émotions positives, mais seulement différentes énergies qui produisent différentes réactions corporelles. Là où le stress va faire augmenter ton rythme cardiaque et te rendre les mains moites, la tristesse va t'amener à avoir la gorge nouée. C'est toi, par la suite, qui viens catégoriser l'émotion comme étant positive ou négative selon ce que tu expérimentes comme sensations. Mais une émotion est par définition neutre.

Même plus que cela, toutes les émotions nous sont nécessaires, car elles apportent un message qu'il nous faut savoir écouter. Par exemple, la peur peut nous avertir d'un danger, tout comme le stress nous indique que nous accordons beaucoup de valeur à cette action à effectuer.

Ainsi, la première chose à comprendre des émotions, c'est qu'il ne faut pas les rejeter, quelles qu'elles soient. D'abord parce qu'elles sont un moyen d'apprendre à mieux te connaître et ensuite parce que rejeter une émotion c'est la renforcer. Tant que tu n'auras pas accepté et expérimenté l'émotion, tant que tu n'auras pas compris le message qu'elle tente de te faire passer, celle-ci persistera. L'acceptation est la clé pour mieux gérer toutes tes émotions, et pour cela, rien de mieux que de t'asseoir quelques instants et de les laisser te traverser tout en les observant.

Pour t'aider à mieux accepter les différentes émotions qui te traversent, comprends également que tu n'es pas tes émotions. Ce sont seulement des énergies qui te traversent et non pas qui tu es profondément, tout comme les nuages ne sont pas le ciel, ils le traversent simplement.

Cette désidentification, par rapport à tes émotions, passe en partie par le discours intérieur que tu entretiens avec toi-même. Par exemple, dire que tu es triste c'est t'identifier à cette émotion. En revanche, dire que tu ressens de la tristesse c'est bien marquer une distinction entre toi et l'émotion qui te traverse. Cela peut paraître anodin, mais crois-moi, ça a un impact, car cela redonne le côté impermanent à l'émotion. Peu importe le temps que tu expérimenteras une émotion, elle finira par passer. Comprendre cela te libère d'un énorme poids.

Enfin, je tenais à insister sur un dernier point qui me paraît primordial dès lors que l'on parle de ton mental : ta responsabilité. Tu es maître de tes pensées. Tu es maître de tes émotions. Tout cela est un processus interne. Ce point est essentiel, car c'est en reprenant la responsabilité de ce que tu ressens que tu reprends le pouvoir de le changer. Si tu es énervé par le comportement d'une personne, par exemple, prendre conscience que ce n'est pas elle qui t'énerve mais toi-même te permet de calmer cet énervement.

Pour illustrer cela j'aime prendre l'exemple du jus d'orange. Lorsque tu presses une orange, qu'est-ce qui en sort ? Du jus d'orange. De même, lorsque tu presses un citron, c'est du jus de citron qui en sort et non autre chose. C'est la même chose avec les personnes. Si tu t'énerves par rapport au comportement d'une personne, cela ne signifie pas que ta colère provient de cette personne, mais plutôt que tu as de la colère déjà présente en toi qui s'exprime au contact de cette personne. Tu es le maître de ta condition intérieure.

Si à l'heure actuelle, tu n'arrives pas à gérer les émotions que tu catégorises comme étant négatives, ne culpabilise pas ou ne te sens pas nul, cela est normal. On ne nous apprend pas à l'école à savoir gérer nos émotions. Au contraire, on nous apprend à les étouffer ce qui est loin d'être la solution.

COMMENT CALMER SA COLÈRE ?

« Des "excuses" pour te mettre en colère
tu en auras toujours.
Seulement, qui veux-tu être ? »

La première émotion que je tenais à aborder est la colère, car elle me paraît être la plus urgente à mieux gérer. En effet, là où la tristesse amène souvent à l'inaction, la colère, au contraire, amène à des actions et des paroles que nous regrettons par la suite. La colère est une émotion impulsive qui peut avoir des conséquences importantes.

Ici, je ne parlerai pas d'une colère spontanée due à une circonstance bien particulière. Nous avons tous le droit d'être en colère si, par exemple, une personne nous a déçus. C'est OK d'exprimer cette colère-là. Dans ce chapitre, nous aborderons plutôt ce qui est problématique, à savoir la colère continue. Il y a des personnes, et peut-être est-ce ton cas, qui se mettent continuellement en colère. Elles expérimentent tellement cette émotion qu'elles se disent colériques, comme si cela était un trait de leur personnalité. Il s'agit donc ici de faire disparaître cette colère continue en apprenant à mieux la gérer.

La première étape pour te libérer de ta colère va être de l'expérimenter, de la laisser te traverser. Prends un instant, au calme, pour te poser et te focaliser sur cette émotion. Dans l'idéal médite quelques minutes. Que ressens-tu quand tu te concentres sur ta colère ? As-tu chaud ? As-tu les mains moites ? Les muscles contractés ? Ressens-tu une boule dans ton ventre ? Cherche à décrire l'émotion que tu expérimentes comme si tu étais un observateur extérieur qui décrivait objectivement ce que tu ressens.

Puis, pose-toi la question « Qu'est-ce qui m'énerve au quotidien ? » Fais une liste de toutes ces situations, ces personnes, ces paroles, ces pensées, ces comportements qui t'énervent. Tu te rendras compte alors que ce n'est pas n'importe qui et n'importe quoi qui t'énerve. Ta colère est révélatrice de ton mal-être. Elle n'est que le reflet de ton intérieur. Par exemple, si cela t'énerve de rentrer le soir du travail et de retrouver ton/ta conjoint(e) affalé(e) sur le canapé, c'est probablement parce que tu ne te donnes pas le droit de faire de même et que tu enchaînes journée de travail et tâches ménagères. Aussi, dans ce cas, ta colère peut signifier que tu ne t'accordes pas assez de temps de repos et alors la solution apparaît d'elle-même.

Si les réponses à cette question ne viennent pas tout de suite, ce n'est pas grave. Laisse-toi le temps d'y réfléchir, puis pose-toi de nouveau la question le lendemain et le surlendemain. À force de te questionner les réponses émergeront.

Si ta colère provient d'un événement passé la solution consistera à lâcher prise pour passer à autre chose. Tu n'as aucun pouvoir sur le passé, en revanche tu peux agir sur ton présent. Alors, fais en sorte que cet événement passé ne t'affecte plus. Quand tu regardes un film vraiment mauvais, est-ce que tu le regardes plusieurs fois ? Probablement que non, parce que tu as d'autres choses bien plus intéressantes à faire. C'est le même principe avec un événement passé. Tourne la page et reconnecte-toi au présent. Si tu veux aller plus loin, je te renvoie au chapitre sur le passé.

Ce qu'il faut retenir ici, c'est que la colère que tu expérimentes ne provient que de toi. Tu en es responsable. Je sais combien c'est difficile d'accepter cela, mais c'est important d'en prendre conscience pour justement pouvoir travailler sur ce point. En prenant tes responsabilités par rapport à ce que tu ressens tu te donnes l'opportunité de changer la situation et ainsi d'aller mieux.

J'ai un exercice à te proposer, si jamais tu sens que la colère commence à te submerger. Alors que les personnes respirent, en moyenne, environ quinze fois par minute, je te propose de ne respirer que trois fois par minute. Inspire donc pendant dix secondes et expire pendant dix secondes. Inspire pendant dix secondes, expire pendant dix secondes. Et ainsi de suite. Continue ce cycle pendant cinq minutes minimum, l'idéal étant dix minutes et tu te sentiras alors beaucoup plus calme, prêt à relativiser et à te concentrer sur des choses bien plus positives.

Voici également quelques phrases que tu peux te répéter pendant que tu fais cet exercice de respiration, qui t'aideront à te calmer davantage : « Je reprends le contrôle », « Je décide de ce que je ressens en cet instant présent. »

Enfin, il faut savoir que ta capacité à gérer ta colère est comme un muscle : elle s'entraîne. Pour cela, quoi de mieux que de passer du temps avec LA personne qui t'énerve le plus ? Celle qui, peu importe ce qu'elle dit et ce qu'elle fait, trouve toujours le moyen de t'énerver. Cette personne qui sait toujours trouver ton point sensible et appuyer dessus pour t'énerver. Je suis persuadé que tu as un visage qui te vient en tête. T'entraîner à passer du temps avec elle sans t'énerver te sera grandement bénéfique.

Par conséquent, si tu ne contrôles pas le fait d'expérimenter la colère à un moment donné, en revanche tu peux contrôler son intensité et sa durée. Tu peux contrôler ta réaction quand tu sens l'énervement monter en toi.

Des « excuses » pour te mettre en colère tu en auras toujours. Que ce soit le bus qui part au moment où tu arrives, une personne qui te passe devant à la caisse, ou encore un embouteillage en rentrant du travail, les raisons de s'énerver sont multiples. Seulement, qui veux-tu être ? Qui veux-tu devenir ? Une personne qui s'énerve à la moindre complication ou celle qui garde son calme et trouve des solutions ?

Est-ce que cela vaut vraiment la peine de t'énerver, de te sentir mal et de gaspiller ton énergie pour un détail dont tu ne te souviendras plus dans quelques jours ? Souhaites-tu être cette personne désagréable qui râle tout le temps ? Ou bien celle qui, peu importe les événements, transmet de la bonne humeur ? Tel est ton choix.

COMMENT APAISER SA TRISTESSE ?

« Ni cette situation, ni cette personne n'ont le droit de t'affecter. Tu es le maître de tes pensées, c'est toi qui décides comment tu te sens. »

La tristesse est une émotion qui amène à l'immobilisme et à l'inaction. Elle cause une démotivation profonde comme si tous tes sens étaient engourdis et la seule chose que tu ressens alors est cette souffrance que laisse cette émotion en toi.

Je sais qu'expérimenter la tristesse est une réelle douleur. Je sais que cette émotion s'empare de tes sens, de tes pensées, de tes envies et que tu te retrouves dans un brouillard sombre dont tu ne vois pas l'issue. Je sais que tu as envie de me dire que je ne comprends rien si j'ose te conseiller d'accepter cette émotion et de lâcher prise, parce que cela te paraît impossible, mais laisse-moi t'aider.

Si ta tristesse est due à un événement, une situation, une cause spécifique, comme la tristesse liée à un décès ou une rupture par exemple, tu auras sûrement l'impression qu'aucune solution n'existe pour soulager ta douleur. Ce à quoi j'aimerais répondre que, certes je ne peux faire revenir la personne que tu as perdue, je ne peux réparer cette blessure que cette personne t'a causée, mais je peux t'aider à avancer et à aller mieux.

Tu es capable de bien plus que tu ne le penses et tu vas te relever, au nom de toutes ces personnes qui te sont chères et au nom de toi-même. Peu importe le temps que cela prendra, tu y parviendras, un pas après l'autre, à ton rythme. Ne culpabilise pas de ne pas réussir à surmonter cette difficulté tout de suite, mais cherche simplement à avancer. Je peux te garantir qu'un jour, tu parviendras à être heureux de nouveau. Pour cela cherche à transcender ta tristesse.

Combien de personnes ont écrit des livres en ressentant une profonde tristesse ? Combien de personnes ont eu des scores spectaculaires dans un sport alors qu'ils étaient, au début, profondément déprimés ? Combien de peintres, de musiciens, d'artistes ont créé leurs plus belles œuvres durant une période de deuil ou de rupture ? Assez pour prendre exemple sur eux. Assez pour que tu te dises « moi aussi ».

Sers-toi de cette énergie pour créer, inspirer et aider les autres à ton tour. Fais en sorte de te servir de ta tristesse afin qu'elle ne soit pas vaine. Qui as-tu envie de devenir pour toi, pour tes proches, pour le monde ? Quelle personne veux-tu être ? Celle qui abandonne ou celle qui se bat pour avancer ?

Parce que la vie peut être comparée à un électrocardiogramme comportant des hauts et des bas, je peux t'assurer qu'une période plus joyeuse t'attend. Cet espoir d'un lendemain meilleur doit t'amener à te battre en cet instant et à ne pas abandonner. Le monde a besoin de toi et il t'attend.

Reprends le contrôle de ton mental. Là, en cet instant donné, alors que tu lis ces mots, tout va bien. Ferme tes yeux et concentre-toi sur ta respiration. Si tu ne cherches pas à te souvenir, si tu ne cherches pas à imaginer ton futur, là, en cet instant, tout va bien. Reprends le contrôle de ton corps et de tes pensées. Je t'invite à répéter cette phrase autant de fois que tu le jugeras nécessaire : « En cet instant présent, JE décide de comment je me sens. » Répète-la encore et encore. Mets-y de l'énergie, de la volonté et de la détermination. Ni cette situation, ni cette personne n'ont le droit de t'affecter. Tu es le maître de tes pensées, c'est toi qui décides comment tu te sens.

⁂

L'autre forme de tristesse que beaucoup de personnes expérimentent et qui a été mon cas durant une longue période, est une tristesse plus sourde, plus permanente. Une tristesse qui s'apparente généralement à une forme de démotivation, de fatigue chronique, voire de dépression. Tu te lèves le matin sans envie et tes journées s'enchaînent sans rien de stimulant, t'amenant à expérimenter un réel mal-être. Si c'est ton cas, en prendre conscience est déjà un pas car beaucoup de personnes finissent par s'habituer à cet état. Ce qui rend complexe cet état d'accablement et de mélancolie c'est qu'il est dû à de nombreux facteurs s'ajoutant progressivement les uns aux autres. C'est exactement la métaphore du vase qui se remplit goutte après goutte jusqu'à devenir plein.

Dès lors, tu ne sais pas vraiment pourquoi tu te sens comme cela et la solution pour aller mieux semble difficile à mettre en place. Mais si cette mélancolie ressentie provient de plusieurs facteurs, ceux-ci ont tous un élément en commun : ils amènent à un écart entre ta vie rêvée et celle que tu expérimentes actuellement.

En effet, as-tu déjà rencontré quelqu'un qui mène sa vie rêvée expérimenter une profonde tristesse ? Je ne pense pas, justement parce qu'il vit sa vie rêvée. Or, si je te demande : As-tu le travail de tes rêves ? Es-tu entouré de personnes qui te correspondent et qui t'aiment vraiment ? Habites-tu dans un lieu où tu te sens bien ? Gagnes-tu les revenus que tu souhaites ? Les réponses à ces questions sont probablement davantage des réponses négatives que positives.

Ainsi, si aujourd'hui, tu expérimentes cette démotivation, c'est parce qu'il manque du succès dans ta vie. Tu es conscient que tu peux faire plus et que tu peux te rapprocher davantage de ta vie rêvée. Tu es conscient que tu mènes une existence qui ne te ressemble pas. Forcément, c'est démotivant. Mais râler, te plaindre et renvoyer de la négativité à ton entourage ne va pas t'aider, ni à réussir davantage, ni à aller mieux. Il te faut une autre stratégie : il te faut passer à l'action.

Donc, commence par te poser les bonnes questions. Que veux-tu dans ta vie ? Quelle vie aimerais-tu expérimenter ? À quoi penses-tu pouvoir accéder ? Car si la notion de réussite désigne communément avoir de l'argent, être reconnu et habiter dans une villa, ce que tu recherches là ce n'est pas une définition commune de la réussite mais la tienne, celle qui t'est propre. Personnellement, je ne veux pas habiter dans une villa, ni conduire une voiture de luxe, en revanche je veux être libre. C'est cela ma définition du succès. Quelle est la tienne ?

Une fois que ce point est clair dans ta tête, observe ta situation actuelle. Y a-t-il un grand fossé entre les deux ? Si la réponse est oui ce n'est pas grave. L'important est simplement que tu en prennes conscience pour que tu commences à agir dans la bonne direction dès maintenant. Ne reste pas dans ce travail s'il ne correspond pas à tes valeurs, n'habite plus dans ce lieu s'il ne te convient pas, ne t'entoure plus de ces personnes si elles te sont toxiques. Agis.

Fais en sorte d'effectuer un pas chaque jour dans la direction souhaitée. Commence par exemple par arrêter de voir telle personne, par déménager, ou bien par débuter un nouveau projet. Avant même que tu aies atteint ton objectif, ta tristesse disparaîtra, parce que le simple fait de te reconnecter à ton but et de redonner un sens à ta vie t'amènera à expérimenter un bonheur profond. Crois-moi, il n'y a pas mieux que se réveiller en sachant que l'on avance vers ses rêves et que s'endormir en étant fier de ce que l'on a accompli durant la journée.

Par conséquent, je sais combien la tristesse peut être dure à accepter et à surmonter. Si ta tristesse est due à un événement particulier donne-toi le droit de la vivre, laisse-toi le temps d'accepter cette nouvelle situation, cette blessure qui fait partie de toi. Puis, relève-toi. Prends exemple sur d'autres personnes qui ont su surmonter ce que tu vis. Si elles ont pu le faire, tu le peux aussi.

Si c'est plutôt de la mélancolie, un sentiment général de démotivation, un mal-être permanent que tu expérimentes, reconnecte-toi à ta vie rêvée et donne-toi le droit de rêver grand. Visualise ton avenir comme si tout était possible, parce que ces rêves qui te tiennent à cœur peuvent être réalisés, à une condition : que tu agisses.

COMMENT GÉRER SON STRESS ?

« Quand une situation se présente à toi,
prends conscience qu'elle n'est ni positive,
ni négative, ni stressante,
mais simplement neutre. »

Le stress, ce mal du siècle, s'est introduit dans nos vies sans qu'on sache réellement comment le gérer. Pire, il est devenu la norme. Qui, aujourd'hui, ne se sent pas stressé quotidiennement ? Peu de personnes. Or notre stress provient de notre interprétation de la situation, de la valeur que nous lui donnons et de nos pensées. Notre stress provient de nous.

Le problème est que le stress est une émotion qui a des conséquences, notamment sur notre organisme, désastreuses. Combien de personnes, à l'heure actuelle, sont malades à cause du stress ? Beaucoup trop. Il est avéré que le stress est l'une des plus grandes causes de maladies. Non seulement parce qu'il affecte considérablement notre système immunitaire mais aussi parce qu'il amène à des problèmes cardiaques, dus à notre rythme cardiaque qui s'emballe quand nous stressons.

Il faut savoir qu'une maladie est un mal exprimé par ton corps. Si l'on décompose le mot cela donne « le mal a dit ». Aussi, face à la charge de travail que tu t'imposes, face à la pression que tu te mets, face à cet inconfort dans lequel tu vis, ton corps va tenter d'exprimer son mal-être notamment par le stress. C'est comme un signal d'alarme qu'il t'envoie. Mais, comme la plupart des personnes, tu vas probablement ignorer ce signal de ton corps, ce qui l'amènera à s'exprimer autrement : par les maladies. Le but de ce chapitre est donc non seulement de te faire prendre conscience de l'impact néfaste du stress, mais aussi de te donner des astuces concrètes et efficaces à mettre en place pour diminuer au maximum ton niveau de stress et vivre dans la sérénité. Oui, apprendre à gérer son stress c'est possible !

Avant toute chose, revenons aux bases que nous avons vues sur les émotions, à savoir que tu es responsable de tes émotions car elles dépendent de la perception que tu as de la situation. Aussi, ton stress provient de toi. Quand une situation se présente à toi, prends conscience qu'elle est neutre, ni positive, ni négative, ni stressante, mais simplement neutre. C'est toi qui, par la suite, vas la catégoriser comme étant stressante selon ta propre perception.

Prenons l'exemple d'un entretien d'embauche. Cette situation est, par définition, neutre. Ce qui déclenche par la suite le stress que tu expérimentes c'est toutes les pensées que tu relies à cet événement, toute la pression que tu te mets et toutes les projections futures que tu imagines. C'est donc ton interprétation de la situation qui détermine ton niveau de stress. Si d'autres personnes ne sont pas stressées face à la même situation, ce n'est pas qu'elles sont meilleures que toi ou plus confiantes, mais simplement qu'elles pensent différemment et qu'elles interprètent la situation différemment.

Seulement, comment modifier ta perception de l'événement ? Plusieurs réponses à cela. Tout d'abord, cesse de te mettre une énorme pression. C'est OK que tu rates, c'est OK que tu fasses cette faute, c'est OK d'être qui tu es dans ton imperfection. Cesse de chercher à être parfait, car la perfection n'existe pas. Et même si le pire scénario que tu puisses imaginer devenait réel, alors tu saurais surmonter cette difficulté et tu en ressortirais grandi.

D'ailleurs, peut-être n'es-tu pas réellement stressé mais plutôt excité. Car il faut savoir que ton cerveau ne fait pas la différence entre l'excitation et le stress étant donné que les réactions de ton corps sont similaires face à ces deux émotions. Pourtant, l'une est catégorisée comme étant une émotion positive, là où l'autre est catégorisée comme étant une émotion négative. Alors, au lieu de te dire stressé, pourquoi ne pas remplacer ce terme par excité ?

Ensuite, replace la situation dans le bon contexte. Ton patron n'est pas supérieur à toi, il est un être humain comme toi. Cet examen ne va pas déterminer ta vie, non seulement tu en auras d'autres pour te rattraper mais en plus un diplôme n'est pas le garant de ta réussite ni de ton bonheur. Avec du recul, prends conscience que la majorité des situations où tu expérimentes du stress n'en valent pas la peine.

Enfin, rappelle-toi que stresser ne t'aidera en rien, bien au contraire. Parfois on peut entendre des personnes dire que le stress les aide à mieux agir et leur permet de produire un travail de meilleure qualité, mais cela est faux. Le stress a deux répercussions sur tes actions. La première est de te tétaniser, ce qui n'aide pas à fournir un travail de qualité et la seconde est d'agir sous le coup de la pression, avec un rythme cardiaque élevé. Ce qui n'amène pas non plus aux bonnes actions ou décisions. De même, si tu penses mieux apprendre lorsque tu es stressé, cela est faux. Car lorsque tu stresses, la région de ton cerveau qui s'appelle l'hippocampe, région qui est sollicitée durant l'apprentissage, est considérablement réduite. Le stress n'est donc en aucun cas une aide.

Rien ne vaut la peine de stresser car rien ne vaut la peine de mettre en danger ta santé. Et ça, c'est à toi de le comprendre et de l'intégrer. Si on t'annonçait que tu étais atteint d'une maladie grave à cause de ton stress, comment réagirais-tu ? Prends quelques instants pour penser à cela. Aujourd'hui, tu as la possibilité d'éviter cette situation, alors s'il te plaît, pense à cela dès que tu commences à stresser : cela en vaut-il vraiment la peine ? Oui, il y a des choses importantes dans la vie, je ne dis pas le contraire, mais, à mon sens, rien ne devrait être plus important que ta santé.

J'espère sincèrement qu'au travers de mes mots, tu auras pu avoir une prise de conscience qui t'amènera à l'avenir à tenter de mieux gérer ton stress et à changer ta perception des situations. Le stress est devenu notre norme et c'est bien là le problème. Être stressé une fois par an n'a rien d'anormal, mais expérimenter un stress chronique en revanche est bien plus grave et impactant pour ton bonheur. Alors prends la décision d'apprendre à le gérer dès à présent.

Voyons maintenant, plus concrètement, les astuces pour diminuer ton taux de stress face à une situation dont tu n'arrives pas à modifier ta perception. Comme tu t'en doutes, la meilleure chose à faire, selon moi, est de méditer. Si la méditation est l'ennemie redoutable du stress c'est parce qu'elle a un impact principalement à deux niveaux. Premièrement, en te concentrant sur ta respiration tu vas parvenir à la calmer, à avoir des inspirations et expirations plus longues et par là même à ralentir ton rythme cardiaque. Et secondement, en te concentrant sur ta respiration et en te connectant à l'instant présent, tu vas également réduire considérablement ton débit de pensées et sortir de ces schémas de pensée qui sont à l'origine de ton stress. Cela peut même t'aider à changer ta perception de la situation. La méditation sera donc ta plus grande alliée en cas de stress.

Néanmoins, je tiens quand même à nuancer mon propos ici. Sans pratique au préalable, méditer risque d'avoir l'effet inverse, je m'explique. En effet, quand tu médites tu te concentres sur ta respiration et tu tentes d'espacer tes pensées, mais sans entraînement au préalable et d'autant plus dans une situation de stress, tu risques de ne pas parvenir à te concentrer sur ta respiration et finir par penser davantage à cette situation qui cause ton stress. Ainsi, je te conseille de pratiquer la méditation quotidiennement, le matin par exemple quand tu n'es pas stressé, pour t'entraîner, et par la suite d'utiliser cette pratique dans des moments stressants. Je te renvoie au chapitre sur la méditation pour en savoir plus sur cette pratique.

Dans la continuité de la méditation, tu peux également pratiquer le yoga pour diminuer considérablement ton taux de stress. En te reconnectant également à l'instant présent, non seulement par la respiration mais aussi par les mouvements, le yoga est également d'une grande aide contre le stress, notamment chronique. Plus largement, toute activité physique t'aidera à combattre ton stress quotidien en libérant des endorphines, l'hormone du bonheur.

Ensuite, lâche prise sur ton désir de contrôle pour te recentrer sur le processus. Peu importe les résultats que tu obtiendras à cet examen, cet entretien d'embauche, ce projet, cette prise de parole, etc., l'important est le chemin que tu auras parcouru. Cesse de vouloir absolument réussir et accepte la possibilité de l'échec, car il est là pour te faire grandir. De même, n'oublie pas que tout est impermanent et que cette personne qui t'est chère, ce travail que tu adores, ce lieu où tu habites qui te correspond finiront par changer voire par disparaître. Et c'est OK, c'est la vie. C'est pourquoi il faut profiter de l'instant présent en mettant de côté ses peurs. Oui, tu perdras ce que tu as aujourd'hui, mais ce sera pour trouver d'autres choses.

Enfin, pour diminuer considérablement ton taux de stress, le dernier conseil que j'ai à te donner est de te créer un environnement plus serein. En effet, que ce soit les personnes, ton travail, les informations que tu écoutes quotidiennement, ou encore certaines habitudes (voir la partie sur les habitudes), tout cela peut contribuer à augmenter ton stress. Or, tu as un impact sur ces éléments. Tu as le pouvoir de les changer et de te créer une vie sur mesure, plus sereine. Alors passe à l'action.

Tu as maintenant toutes les clés entre tes mains pour mieux gérer ton stress et ainsi retrouver ton énergie et ta joie de vivre. Si ces quelques conseils te paraissent difficiles à mettre en place, rappelle-toi l'impact que le stress a sur ta santé. Je peux t'assurer qu'en appliquant ces conseils tu te libéreras du stress et tu expérimenteras davantage de bien-être.

Parce qu'une vie sans stress quotidien c'est possible, je me devais de te donner ces conseils et astuces pour t'aider à mieux le gérer. Ne laisse plus le stress devenir ta norme.

COMMENT SE LIBÉRER DE LA CULPABILITÉ ?

« Je ne suis pas parfait et j'ai fait cette erreur. Mais je l'accepte, car aujourd'hui je deviens la personne que je suis censé être. »

La culpabilité est une émotion bien souvent perçue comme étant négative alors qu'il est normal de l'expérimenter et plus que cela, c'est même positif. Si la plupart des personnes ont du mal à gérer la culpabilité c'est parce qu'elle est due à un événement passé, donc à un événement sur lequel ils n'ont plus le contrôle.

En fait, ressentir de la culpabilité c'est regretter une action, une parole passées. C'est le signe que tu as évolué et que ces mots et actions passés ne correspondent plus à la personne que tu es devenu, à tes valeurs actuelles. Ressentir de la culpabilité durant un moment lorsque tu repenses à ton passé n'est donc pas négatif. En revanche, ce qui pose problème c'est quand tu expérimentes la culpabilité durant une longue période, car alors cela signifie que tu restes accroché à ton passé.

Laisse-moi te poser une question : Comment peux-tu te sentir coupable d'une chose que tu as faite dans le passé ? Prends conscience que la personne que tu es devenu aujourd'hui est complètement différente de celle que tu étais quand tu as agi de cette façon. Certes, sur le moment tu as été responsable de tes actes, mais aujourd'hui tu ne l'es plus. Ton état d'esprit a changé, tes valeurs ont changé, tu as changé. Dès lors, tu ne peux pas être coupable de quelque chose qui ne te correspond plus et que tu n'aurais pas fait aujourd'hui. Donc, sois fier. Fier d'avoir évolué et d'avoir compris ton erreur. Fier de savoir qu'aujourd'hui tu agirais différemment. Il est temps de tourner la page et de te reconnecter au moment présent.

Parfois, certaines personnes peuvent également se sentir coupables non pas pour quelque chose du passé mais pour une situation présente, pour une situation qu'elles ont du mal à gérer, pour un comportement déplacé, une erreur, des paroles blessantes, etc. À cette culpabilité-là, une réponse simple et claire : tu n'es pas parfait, comme tout le monde, et c'est OK. C'est OK de mal agir parfois. C'est OK de t'énerver. C'est OK de juste être toi-même, parfait dans ton imperfection.

En revanche, cela ne t'empêche pas de prendre tes responsabilités et de toujours chercher à t'améliorer. Ne pas subir la culpabilité ne veut pas dire ne rien faire non plus. Tu te sens coupable de quelque chose ? Utilise cette culpabilité pour évoluer et agir différemment la prochaine fois. Sers-toi de cette émotion comme indicateur de tes erreurs afin d'apprendre d'elles et de devenir la meilleure version de toi-même. Oui, tu as de quoi te sentir coupable, comme chacun de nous, mais tu essaies d'apprendre et de devenir meilleur, c'est cela le plus important.

En résumé, face à une erreur, tu as le choix : culpabiliser ou évoluer. Si tu veux une vie heureuse et épanouie, il te faut choisir la seconde option.

Tu n'es pas parfait. Tu as fait des erreurs, tu en feras d'autres à l'avenir et c'est OK. Seulement, ces erreurs ne sont pas toi. Donc au lieu de t'identifier à elles et d'expérimenter la culpabilité, apprends d'elles et évolue.

COMMENT CALMER SON MENTAL ENVAHISSANT ?

« Parvenir enfin à reprendre le contrôle de ton mental et à le mettre en pause amène à une grande source de bien-être. »

Apprendre à gérer ce trop-plein de pensées qui épuise, ce brouhaha mental qui ne cesse de nous déconcentrer et nous cause tant de soucis, voilà un point difficile à traiter, mais primordial. De par sa nature, l'homme ne peut arrêter de penser car la pensée est le propre même de l'être humain. Ainsi, il ne s'agit pas, dans ce chapitre, de t'apprendre à ne plus penser, mais bien d'apprendre à mettre de plus en plus de distance entre chacune de tes pensées grâce à certaines actions et pratiques. Je vais donc partager avec toi trois astuces, que tu peux mettre en pratique par ordre chronologique pour un maximum d'efficacité. Trois techniques concrètes, simples mais vraiment efficaces afin de créer un espace entre chacune de tes pensées.

La première astuce est de prendre une douche froide. Pas une douche chaude, puis froide. Pas une douche tiède. Non, une douche froide du début à la fin. L'idéal est même de laisser couler l'eau froide sur ta nuque pendant quelques instants afin de calmer ton système nerveux. Je peux te garantir qu'après une douche froide, tu auras un esprit beaucoup plus clair et tes pensées seront largement plus espacées. Cette astuce, simple en soi, est la meilleure solution pour accéder à une clarté d'esprit en un instant, car tu peux me croire, quand tu es sous l'eau froide, et même après, aucune pensée ne te vient. Seulement, es-tu prêt à fournir cet effort ? Là est la question.

La deuxième astuce est de te reconnecter à la nature. Si tu observes bien ton quotidien, les moments où tes pensées sont les plus actives sont les moments où tu restes enfermé chez toi à regarder, notamment, les réseaux sociaux. Ce qui est logique, car en regardant la vie des autres, tu te compares forcément à eux et alors arrivent doutes, pensées négatives, dévalorisation, jalousie, etc. Tu penses occuper ton esprit en te concentrant sur la vie des autres, mais l'effet obtenu est l'inverse : tu encombres ton mental d'informations non seulement inutiles mais en plus négatives. Là n'est pas la solution.

Aller en pleine nature en revanche va vraiment avoir cet effet de désencombrer ton mental. Tu vas pouvoir mieux respirer, observer la beauté de la nature et développer ta gratitude. Surtout, en ayant devant toi un grand espace, tu pourras créer davantage d'espace entre tes pensées. Donc, si tu penses trop, va te promener. Peu importe qu'il fasse chaud ou froid, cela n'est pas une excuse. Et si tu habites en ville, rends-toi de préférence dans un parc, dans des espaces verts et dégagés.

Enfin, tu t'en doutes, pour gérer ce mental envahissant, la méditation et le yoga seront tes alliés. En effet, le but même de ces pratiques est que tu te concentres sur autre chose que tes pensées, comme ta respiration ou tes mouvements. Ainsi, cela va forcément t'aider non seulement à créer davantage d'espace entre chacune de tes pensées, mais aussi à te désidentifier d'elles. Chacune de ces pratiques nécessite un certain entraînement avant de parvenir réellement aux résultats attendus, mais je peux t'assurer que ça en vaut la peine. Parvenir enfin à reprendre le contrôle de ton mental et à le mettre en pause amène à une grande source de bien-être.

Voici donc trois astuces concrètes et efficaces à mettre en place afin de gérer ton mental trop envahissant et de t'ancrer davantage dans l'instant présent. Tu as les clés en main pour ne plus te laisser fatiguer par ton mental.

COMMENT GÉRER SON HYPERSENSIBILITÉ ?

« À l'heure actuelle, être hypersensible est un cadeau, un don. »

L'hypersensibilité se caractérise par une sensibilité accrue et donc par des émotions intenses. Une personne hypersensible peut parfois être reliée aux personnes bipolaire, par des émotions vraiment intenses et nombreuses, alors que loin d'être bipolaire, la personne hypersensible possède seulement des sens très développés et une émotivité accrue. Dès lors, tu comprendras qu'il est nécessaire de consacrer un chapitre à l'hypersensibilité dans une partie sur les émotions.

L'hypersensibilité est malheureusement souvent perçue, ressentie, vécue comme un handicap, faisant de la personne hypersensible quelqu'un de faible et de non stable émotionnellement. Ressentir sans cesse trop d'émotions différentes et intenses est fatigant non seulement pour la personne hypersensible mais également pour son entourage. Ainsi, on retrouve beaucoup de contenus qui donnent des conseils pour réussir à brider cette hypersensibilité, pour s'en débarrasser et parvenir à ne plus être hypersensible. Seulement, si rejeter une émotion ne fait que la ramener de façon plus intense, alors rejeter son hypersensibilité n'est pas la meilleure option. Ce que je te propose dans ce chapitre, c'est donc de t'aider à comprendre cette hypersensibilité afin de mieux la gérer et la vivre.

Être hypersensible signifie en fait que ton cerveau fonctionne d'une façon particulière. Que la partie droite de ton cerveau, celle reliée aux émotions, est plus développée que la partie gauche, celle reliée au rationnel. Ainsi, tu ne peux pas te débarrasser de ton hypersensibilité. Pourquoi ne pas, alors, en faire une force ?

Certes, être hypersensible t'amène à ressentir les émotions d'une manière très intense et donc, dès que tu vas expérimenter des émotions dites négatives, tu seras plus affecté que les autres, mais il y a une contrepartie. Dès lors que tu ressens des émotions dites positives, tu les expérimentes également de façon plus intense que les autres, et ça ce n'est pas négligeable !

À l'heure actuelle, dans le monde dans lequel nous vivons, et je souhaite vraiment que tu prennes conscience de cela, être hypersensible est un cadeau, un don. Alors que la plupart des gens ne prêtent aucune attention à ce qui se passe à l'intérieur d'eux-mêmes, toi, tu as la capacité de te connecter à ton monde intérieur, à tes émotions, à ton instinct. En quoi cela est-il utile ? L'hypersensibilité te permet d'écouter et de comprendre les messages que t'envoie ton corps. C'est une porte d'entrée pour apprendre à mieux te connaître. En ayant la possibilité de te connecter facilement à ton intuition tu es ainsi guidé dans tes choix pour savoir ce qui est le mieux pour toi.

De même, ton hypersensibilité saura t'avertir lorsque tu arrives à tes limites et c'est pourquoi, malgré leur fatigue plus grande, les hypersensibles sont moins sujets au burn-out : ils reçoivent et prennent en compte les messages d'alarme que leur corps leur envoie. En fait, en étant hypersensible tu es capable d'établir une relation avec ton corps et ton esprit beaucoup plus facilement que d'autres.

Donc, s'il te plaît, pour toi, n'essaie pas de brider tes émotions et de rejeter cette faculté que tu as d'être connecté à ton monde intérieur. Ce n'est pas un signe de faiblesse mais au contraire de connaissance de soi. Je sais que cela peut être difficile de ressentir et d'expérimenter une émotion négative intense. Je sais que c'est fatigant de continuellement alterner entre émotions positives et émotions négatives. Mais c'est un cadeau, une force qui te permet de mieux comprendre le monde qui t'entoure et de faire preuve de plus d'empathie envers les autres.

Ce que je te conseille fortement, si tu es hypersensible, c'est de pratiquer la méditation et le yoga. En effet, ces pratiques vont vraiment te permettre de calmer ton mental, de te recentrer et d'apprendre à mieux gérer tes émotions. Ce sont des pratiques qui deviendront vite un besoin pour toi, te permettant de retrouver cette neutralité, et non plus d'être dans ce cycle infernal, alternant émotions positives et émotions négatives.

Je te recommande fortement également d'effectuer une retraite de méditation Vipassana. Il s'agit d'une retraite de dix jours, où tu ne fais que méditer du matin au soir. Dix jours où tu es entièrement focalisé sur ton monde intérieur afin d'observer tes émotions et tes sensations. Être ainsi confronté à soi-même et à ses émotions est une expérience très forte et extrêmement riche en enseignements. Cette retraite change une vie.

Par conséquent, si le « trop » est souvent vu comme péjoratif, être hypersensible se révèle être un don et comme tout talent il te faut en prendre conscience puis apprendre à le gérer pour en tirer le meilleur. S'il s'avère être fatigant d'expérimenter des émotions diverses très intenses, cette connexion que tu entretiens avec ton monde intérieur, mais aussi avec le monde extérieur et les autres, est une vraie richesse que tu peux mettre à ton service et à celui des autres.

COMMENT COMBATTRE LA NÉGATIVITÉ ?

« La positivité ne devrait pas
être recherchée.
Elle est le résultat de qui tu es. »

La négativité, autrement dit avoir des pensées négatives incessantes et expérimenter des émotions que l'on catégorise comme étant négatives, est un état qui touche beaucoup de personnes. En effet, qui n'a pas été négatif un jour quant à l'issue que prendrait une situation ? Qui n'a pas imaginé, un jour, le pire scénario qui pourrait arriver ? Seulement, si personne n'aime être négatif, c'est pourtant une condition pour expérimenter par la suite quelque chose de positif.

Il faut savoir que la négativité et la positivité vont ensemble et constituent les deux faces d'une même pièce. L'un ne va pas sans l'autre. Aussi, si tu rejettes tout ce qui est négatif et recherches tout ce qui est positif, tu oscilles sans cesse entre les deux, te sentant par moments bien et heureux et à d'autres déprimé et triste. Cela est normal, c'est humain. Tout comme l'électrocardiogramme passe par des hauts et des bas, tu oscilles également entre ces deux pôles opposés. Aussi, tu comprendras que rechercher la positivité continue est impossible. Ce qu'il faut rechercher, c'est donc plutôt la neutralité à l'aide d'astuces simples et concrètes.

Revenons ici aux conseils pour désencombrer ton mental, car avoir moins de pensées c'est également avoir moins de pensées négatives, cela va de soi. Ainsi, pour atteindre la neutralité, aller dans la nature et dans de grands espaces, prendre une douche froide et méditer seront des astuces qui te permettront de diminuer grandement ta négativité. Mais j'aimerais aller encore plus loin ici, et te faire prendre conscience que c'est toi qui nourris tes pensées négatives. Pour reprendre l'histoire des deux loups, métaphore de ton combat intérieur, tu as en toi un loup blanc et un loup noir, qui correspondent à tes pensées positives et négatives, et c'est toi qui possèdes leur nourriture. Aussi, qui décides-tu de nourrir le plus, ton loup blanc, ton loup noir, ou aucun des deux ? Cela est ta décision, ta responsabilité.

Je sais que tu as l'impression que ta négativité provient de l'extérieur, que tu te sens mal par rapport à cette situation, cette personne, cet environnement. Seulement, c'est toi qui leur donnes cette importance, c'est toi qui les laisses t'affecter et qui les perçois de cette façon. Est-ce que d'autres personnes, dans ta situation, parviendraient à ne pas être affectées ? Probablement, alors pourquoi pas toi ? J'aimerais sincèrement que tu prennes ici conscience que tu es maître de ta condition intérieure et que tu as le pouvoir de changer ton interprétation des situations pour qu'elles ne t'affectent plus.

Pour compléter ces quelques astuces, je tenais également à partager un point important : les affirmations positives. Cela va te permettre de reprogrammer ton cerveau afin qu'il ne se focalise plus sur le négatif. Ainsi, tous les matins, dès que j'ouvre les yeux, je me dis « Wow quelle journée magnifique ! J'ai la chance d'être en vie et de m'être réveillé ce matin ».

Rien que cela me met dans une bonne humeur et une bonne énergie pour le reste de la journée. Les affirmations, qui sont donc des phrases que tu te répètes très régulièrement en y mettant de l'énergie et de la croyance, te permettent non seulement de reprogrammer ton cerveau à force de répétition, mais aussi de te mettre dans une belle énergie pour le reste de ta journée. Cela te paraîtra sûrement bizarre au début, de répéter des phrases en boucle, mais le pouvoir des affirmations n'est plus à prouver, c'est une technique qui fonctionne réellement. Voici quelques exemples d'affirmations que tu peux te répéter chaque matin pour te sentir bien intérieurement au quotidien :

Tout est parfait.

Je crois en moi. J'ai confiance en moi.

Je fais de mon mieux chaque jour.

Je suis capable et j'y arriverai.

J'accueille avec gratitude les difficultés car elles me font évoluer.

De même, apprendre à relativiser augmentera ton bien-être. Pour cela, deux solutions. La première : sourire. Peu importe ce qui se passe, la situation que tu expérimentes, la difficulté que tu es en train de surmonter, sourire enverra à ton cerveau le signe que tout va bien et que tu es heureux. Ce qui n'est pas négligeable. La seconde solution est de te concentrer, au minimum, sur trois choses positives dans ta vie. Tourner ainsi ton attention vers ce qui est positif, peu importe la situation, est très efficace pour relativiser.

Je sais que tu seras tenté de dire qu'il n'y a rien de positif dans ta vie, mais je peux t'assurer qu'il y a forcément des choses positives dans ton quotidien. Par exemple, si tu peux lire ces lignes c'est que tu as des yeux qui te permettent de voir et la capacité de lire. Tu as sûrement un toit également, de l'eau courante, une famille à qui tu tiens. Bref, tu as forcément, et j'insiste sur le forcément, au minimum trois choses positives dans ton quotidien. Les déterminer et t'y connecter te permettra de grandement relativiser.

Néanmoins, parfois il peut arriver de ne vraiment pas aller bien. Il peut arriver de ne même pas avoir l'énergie et la volonté de changer notre état émotionnel. Il y a des moments où ça ne va vraiment pas.

Dans ces cas-là rien ne sert de se juger. Rien ne sert non plus de culpabiliser. Parfois, il faut simplement lâcher prise et accepter. Lâcher prise sur ce désir de toujours vouloir aller bien. Lâcher prise sur ce désir d'être parfait. Lâcher prise sur ce désir de vouloir être constamment positif ou neutre. Au lieu de cela, accepte-toi et montre-toi tel que tu es. Exprime-toi quand tu ne vas pas bien et n'hésite pas à demander de l'aide. Non, tu n'es pas nul, ni faible, ni incapable, tu es juste humain. À l'instar des saisons présentes dans la nature, tu as également tes propres saisons internes, tes propres cycles qui se succèdent.

« Être positif, c'est bien ; être soi-même, c'est mieux. »

Ainsi, s'il y a bien une chose à retenir à propos de la dualité positivité/négativité, c'est que l'une ne va pas sans l'autre et que tu ne pourras pas expérimenter l'une sans l'autre.

Dès lors, ne recherche pas à être positif, mais plutôt à être neutre et authentique. C'est en étant toi-même, en t'acceptant entièrement, avec tes pensées et tes émotions, que tu pourras te rapprocher de la neutralité. C'est en étant dans l'acceptation de ce que tu ressens que tu pourras prendre du recul et changer ce que tu peux, sans perdre ton énergie à résister à ce qui est.

COMMENT SORTIR DE LA DÉPRESSION ?

« Aussi sombre que puisse te paraître cette période, une autre plus joyeuse t'attend. »

La dépression, état mental caractérisé par un manque de motivation pour agir et par une incapacité à contrôler ses sentiments, place la personne dépressive dans une position de désespoir, d'incapacité et de tristesse.

La dépression est diagnostiquée comme étant une maladie psychologique. Ainsi, ne confondons pas dépression et déprime, qui certes se ressemblent au niveau des symptômes mais n'ont pas du tout la même ampleur ni intensité. En effet, alors qu'une déprime sera passagère, une dépression, elle, aura tendance à s'installer davantage dans le temps et à être beaucoup plus intense. Dans ce chapitre, nous parlerons de la dépression, néanmoins, comme tu peux t'en douter, les conseils qui suivent pour t'aider à surmonter la dépression t'aideront également à surmonter la déprime.

La première chose sur laquelle j'ai envie d'insister, et qui vaut pour toutes les maladies, c'est qu'il ne faut pas t'identifier à ta dépression. Non, tu n'es pas dépressif, mais plutôt tu expérimentes, à un moment donné, une dépression. Tu n'es pas cette maladie, tu l'expérimentes. Cela peut te sembler insignifiant, mais c'est en fait vraiment important car la façon dont tu communiques avec toi-même a un impact majeur sur ton bien-être. Il a même été démontré par des études scientifiques qu'à partir du moment où tu es diagnostiqué malade et où tu t'identifies à la maladie, celle-ci s'aggrave.

Donc, s'il te plaît, ne te dis pas dépressif comme si cette maladie te caractérisait. Tu es bien plus que cela. C'est en prenant ainsi de la distance avec cette maladie que tu t'offriras la possibilité de guérir. Il est donc important que tu parviennes à concevoir ta dépression comme un état de passage que tu expérimentes à un moment donné. Ce que je te propose dans ce chapitre, c'est d'agir sur la racine du problème et non sur les symptômes pour mieux comprendre ce qu'est la dépression et en te donnant des conseils pour aller mieux à ton rythme.

Ainsi, que tu expérimentes une dépression ou bien un coup de déprime, le processus est le même : une pensée négative répétée, qui se multiplie et finit par créer un schéma de pensée aboutissant à une réaction chimique de ton corps. Ainsi, dès que tu te retrouves dans une situation similaire à celle qui a créé la pensée de départ, ton corps va réagir, produisant moins d'hormones du bonheur (dopamine) et davantage d'hormones du stress (cortisol) t'amenant à expérimenter un réel mal-être. C'est un véritable cercle vicieux.

La solution pour traiter la dépression à la racine semble donc d'agir sur les pensées de la personne dépressive. Seulement, cela est loin d'être facile. Certes, la méditation peut être une grande alliée, mais si tu es déprimé, c'est que tu n'arrives pas, pour le moment, à gérer tes pensées. Dès lors, t'asseoir pour les observer et mieux les comprendre va être compliqué pour toi.

Je te recommande alors de prendre des douches froides. Parce que quand tu es sous l'eau froide, tu ne peux pas penser. Prendre une douche froide c'est donc t'obliger le temps d'un instant à te reconnecter au moment présent et à te libérer de toutes ces pensées négatives incessantes. C'est vraiment une clé indispensable pour changer ton état émotionnel intérieur sans que tu aies besoin de connaissances ou d'entraînement.

Je te conseille également de danser. De mettre une musique que tu aimes particulièrement, une musique rythmée et de laisser ton corps bouger et s'exprimer. Amuse-toi. Lâche prise sur le regard des autres et sur le tien, lâche prise sur ces pensées, sur cette douleur, sur ces problèmes et danse. Exprime-toi.

De même, je te recommande d'introduire une activité physique dans ton quotidien. Cela te permettra d'extérioriser ta souffrance, ton stress et tes pensées négatives, tout en libérant des endorphines dans ton corps, l'hormone du bonheur. Je suis conscient que là, tu n'as vraiment aucune envie de bouger et c'est normal. La dépression t'amène vraiment à cette sensation de vide et de démotivation. Je ne te dis pas d'aller courir un marathon, mais seulement de bouger ton corps. Cela peut être une promenade de quelques minutes par exemple, ou une séance de yoga plutôt douce. En plus des nombreux bienfaits que t'apportera le yoga, il te permettra de te reconnecter avec bienveillance à ton corps.

Ensuite, éloigne-toi au maximum des réseaux sociaux et des informations, car ce ne sont que des sources de négativité. Là où les réseaux sociaux t'amèneront à te comparer aux autres, les informations te créeront de la peur et de l'insécurité. Beaucoup de personnes, pour fuir leurs ressentis, se réfugient dans les réseaux sociaux et les informations, qui leur changent les idées et les font se sentir moins seuls. Mais là n'est pas la solution. Si tu souhaites te changer les idées, pourquoi ne pas aller passer du temps avec des personnes qui te sont proches ou bien effectuer une activité que tu aimes ?

Te reconnecter à tes passions et à ce qui t'anime t'aidera non seulement à aller mieux et à ressentir de nouveau un peu de plaisir, mais en plus à transcender ta maladie pour en faire une force. Combien d'artistes sont devenus connus pendant leur période de dépression ? Donc, utilise ta dépression comme une force pour inspirer et aider le monde. Tout ne dépend que de toi. Subir ou transformer ?

En fait, ce qu'il faut retenir de tous ces conseils, c'est qu'ils te font passer à l'action. La dépression te fait rester dans un état d'inaction, de passivité, de lassitude qui entretient ta négativité. Aussi, pour casser ce cercle vicieux, il te faut passer à l'action. Peu importe ce que tu décides de mettre en place, que ce soit les conseils que je t'ai donnés ou autre, l'important est vraiment de sortir de ton inaction.

L'idée n'est vraiment pas de te mettre la pression ou de te faire te sentir coupable parce que tu n'arrives pas à mettre en place ce que je t'ai conseillé. Donc si tu n'arrives pas à prendre une douche froide par exemple, essaie autre chose. Cela peut être simplement de faire le ménage, faire ton lit ou encore la vaisselle. De simples actions, qui paraîtront anodines, mais qui pourtant t'aideront à aller mieux car elles te feront ressentir de la fierté et un sentiment d'accomplissement. J'ai conscience que simplement faire la vaisselle va te demander un effort considérable, mais tu peux le faire.

Enfin, je te recommande de changer ton environnement, car de là découlent les pensées qui t'ont amené à vivre une dépression. Ainsi, le mieux reste de voyager ou de déménager pour faire place à un réel renouveau. Plus simplement, tu peux également changer ta décoration intérieure, changer l'emplacement de tes meubles ou encore repeindre un mur par exemple. En créant du renouveau à l'extérieur de toi, tu créeras du renouveau à l'intérieur de toi également et tu pourras alors casser ce schéma de pensée dans lequel tu t'es enfermé. Par là même, change aussi tes fréquentations, surtout celles que tu considères comme toxiques.

Puis, dès lors que tu commences à te sentir mieux, je te recommande largement d'intégrer la méditation à ton quotidien. Cela t'apprendra à mettre de la distance entre chacune de tes pensées et à te désidentifier d'elles. Tu comprendras alors que tu n'es pas tes pensées et non seulement tu iras de mieux en mieux mais surtout tu ne retomberas pas dans la dépression, puisque tu auras saisi son mécanisme.

Je comprends ta souffrance, ta douleur. Je l'entends. Je suis moi aussi passé par cette période vraiment difficile à vivre, mais si aujourd'hui je m'en suis sorti, comme tant d'autres, ce n'est pas parce que je suis meilleur que toi, mais bien parce que j'y ai cru, que je me suis battu et que je n'ai pas abandonné. Il y a des solutions, des choses à mettre en place. Être dépressif n'est pas une fatalité. Je n'ai rien de plus que toi et si j'ai réussi à m'en sortir, tu le peux aussi.

Oui, c'est difficile, oui, cela demande du courage, des efforts et de la détermination, je ne nie pas cela, mais crois-moi, ça en vaut la peine. Sois fier de chaque pas effectué, de chaque action que tu arrives à mettre en place et ne perds pas espoir. Peu importe la vitesse à laquelle tu avances, l'important est que tu avances chaque jour un peu plus.

Je voudrais vraiment que tu retiennes que tu n'es pas cette maladie. Tu es beaucoup plus que cela et il est temps que tu le montres au monde en parvenant à combattre ta dépression.

Je crois en toi, et toi, quand est-ce que tu vas croire en toi ?

COMMENT ÉVITER LE BURN-OUT ?

« L'être humain a besoin de repos et de pauses pour être optimal et efficace. »

Le burn-out est un état de fatigue intense notamment causé par une trop grande charge de travail et le fait de subir une trop grande pression. Il est souvent dû à un déséquilibre entre notre vie privée et notre vie professionnelle. S'il s'insinue généralement sans qu'on lui prête attention, il est difficile par la suite de s'en remettre.

En fait, expérimenter un burn-out signifie que tu ne t'es pas assez écouté, pas assez reposé, que tu n'as pas assez pris soin de toi, de ton esprit comme de ton corps. Si tu tombes dans cet état de fatigue intense, c'est parce que tu fais trop de choses dans ton quotidien et que tu essaies de tout mener de front. Tu souhaites accomplir tellement de tâches dans ta journée que le temps passe et tu n'en fais aucune, stressé par l'ampleur du travail à fournir et les tâches qui s'accumulent.

Tu te sens de plus en plus submergé, malgré tes efforts et tout ton travail. Tu commences à te lever plus tôt et te coucher plus tard pour finir toutes les tâches que tu t'imposes de faire dans la journée, jusqu'au jour où ton corps ne te répond plus. T'envoyant signaux après signaux, fatigue, maladies, troubles du sommeil, maux de ventre, difficultés de concentration ou encore irritabilité, que tu as tous ignorés, ton corps lâche. Tel un réseau électrique qui se court-circuite pour éviter de trop chauffer, ton corps se court-circuite pour éviter que tu ne puises trop dans tes réserves.

Je ne vais pas te donner dans ce chapitre des conseils pour surmonter le burn-out, car celui-ci ne peut pas arriver quand on effectue ce que l'on aime et ce pour quoi on est sur cette planète Terre. En revanche, je vais t'expliquer les éléments qui sont la cause de ce burn-out et comment tu peux faire pour l'éviter ou te sortir de cette situation si tu t'y trouves.

Ainsi, le burn-out est dû au fait que tu n'apprécies pas pleinement ce que tu fais ou qu'il est temps pour toi de passer à autre chose. Tu sais, au fond de toi, que ce travail que tu effectues ne te correspond pas et pourtant tu t'obstines à le garder. De là provient le burn-out.

Si tu te sens mal dans ton travail, parce qu'il ne te correspond pas, ou parce qu'il t'amène à ressentir un grand stress, la première des choses à faire est de changer cette situation. Cela peut être en changeant de travail, mais aussi en modifiant la perception que tu as de ton travail pour diminuer la pression que tu te mets, ou encore en ayant une conversation avec ton patron pour qu'il prenne conscience de la pression qu'il t'impose. Plusieurs solutions s'offrent à toi, choisis celle qui te convient le mieux, mais une chose est sûre : ne reste pas dans cette situation.

Ensuite, le conseil le plus important à mettre en pratique, qui va de soi, est de te reposer. Si tu es au bord du burn-out, c'est que tu pousses ton corps trop loin dans ses limites, laisse-lui le temps de se reposer. Quand je dis se reposer, ce n'est pas simplement dormir douze heures pendant une nuit et recommencer le lendemain avec le même rythme, ou seulement prendre une journée de pause. Non, repose-toi vraiment. En prenant des vacances par exemple, en te levant plus tard et te couchant plus tôt sur une longue période, en diminuant considérablement ta charge de travail, voire même en ne travaillant plus. Bref, repose-toi.

Tu es un être humain et non pas une machine. Et la différence principale est que l'être humain a besoin de repos et de pauses pour être optimal et efficace. Donc, c'est normal que tu aies besoin de te reposer. Ça ne signifie pas que tu es incapable ou inférieur, mais simplement que tu es humain. Aussi, cesse de voir les pauses comme des pertes de temps et ton sommeil comme ton ennemi en voulant sans cesse diminuer tes heures de sommeil. Si tu veux parvenir à atteindre tes objectifs, certes tu vas devoir travailler énormément et fournir les efforts nécessaires, mais tu vas également avoir besoin de te reposer si tu veux tenir sur la durée.

Utilise ce temps de repos pour te ressourcer en prenant soin de toi, par exemple en allant te promener dans la nature, en t'offrant des moments de lecture ou encore des moments pour pratiquer ta passion. Il est temps, pour ton bien-être, de réintroduire ces moments que tu as supprimés de ta vie pour pouvoir davantage travailler. Je sais que tu te diras probablement que tu n'as pas le temps de te reposer avec toutes les tâches que tu dois faire, mais prends conscience que si tu ne te reposes pas, là, maintenant, tu n'avanceras plus du tout. Est-ce que toutes les tâches que tu dois faire dans ta journée valent la peine de tomber malade par la suite ? Je ne pense pas.

Un autre conseil, primordial, est d'apprendre à mieux gérer ton temps. Que ce soit en déléguant certaines tâches, en stoppant d'autres, ou en apprenant à prioriser ce que tu dois faire, il te faut apprendre à travailler plus intelligemment. Pour cela, passe en revue chacune de tes actions et place-les dans :

– À supprimer
– À déléguer
– À faire

Puis, priorise chacune des tâches qui sont dans la partie « À faire » en les numérotant de 1 à 10. Si ta journée dépasse dix tâches à accomplir, fais en sorte d'en déléguer ou d'en supprimer davantage. L'objectif de ta journée va être de faire, dans l'ordre, les trois premières tâches et de ne passer à la suivante qu'à partir du moment où tu as fini la tâche en question. Une fois ces trois tâches accomplies, soit tu enchaînes avec les autres, soit tu t'arrêtes, selon comment tu te sens. Si cette méthode peut sembler radicale, elle permet de filtrer les tâches vraiment importantes et de te concentrer dessus. Elle est vraiment efficace pour apprendre à prioriser et par là même à travailler intelligemment en utilisant ton temps pour des tâches vraiment importantes.

« Tu es la seule personne à pouvoir t'imposer des obligations. »

Enfin, je te recommande de débuter la méditation pour t'aider, non seulement à réduire considérablement ton niveau de stress, mais aussi pour te reconnecter à ton corps et ainsi écouter et prendre en compte les signaux qu'il t'envoie. De plus, la méditation permet réellement de reposer ton esprit quelques instants et donc d'avoir plus d'énergie par la suite. C'est une pause ressourçante.

Par conséquent, j'espère sincèrement pour toi que tu prendras en compte ce que je partage dans ce chapitre pour éviter d'expérimenter un burn-out ou bien pour en sortir. J'ai vu trop de personnes se dire « C'est pour les autres, pas pour moi » et finalement devoir faire face à cette période très difficile. Non, ce n'est pas que pour les autres, cela nous concerne tous.

COMMENT SE LIBÉRER DU PASSÉ ?

« Ne laisse pas la personne
que tu étais hier déterminer
celle que tu seras demain.
Reprends le contrôle de ta destinée. »

Nombreuses sont les personnes qui vivent dans le passé, qui passent leurs journées à ressasser les événements, à regretter leurs actions et à se sentir coupables, ou encore à être nostalgiques. Si tu lis ce chapitre, c'est probablement ton cas. En prendre conscience est déjà un bon début, mais laisse-moi simplement te poser une question : pourquoi ? Pourquoi vouloir vivre dans le passé ? Mis à part de la souffrance, de la nostalgie, des regrets et de la culpabilité, qu'est-ce que cela t'apporte ? À quoi bon repenser sans cesse à ces moments difficiles que tu as dû traverser ? À quoi bon te répéter sans cesse que c'était mieux avant ? La vie, TA vie se déroule là, en ce moment même, en cet instant présent et tu décides consciemment de ne pas l'expérimenter. Il est temps de laisser le passé au passé et de te reconnecter à l'instant présent.

Oui, tu as besoin de ton passé pour évoluer, je ne nie pas cela, mais seulement cesse de vivre ta vie à travers le prisme du passé. Ton passé a une influence sur qui tu es aujourd'hui, mais il ne te détermine pas. Tu es ce que tu choisis d'être en cet instant.

En fait, pour te libérer du passé, cela est simple à comprendre et à formuler : cesse de penser au passé et reconnecte-toi à l'instant présent. Seulement, si c'est simple à comprendre intellectuellement, ça l'est beaucoup moins à expérimenter. Car décider consciemment d'arrêter de penser à quelque chose en particulier a souvent l'effet inverse et vouloir se reconnecter à l'instant présent demande un peu de pratique. Bien entendu, la méditation a ici un rôle clé, puisqu'en te concentrant sur ta respiration, tu seras tellement dans l'expérimentation de ce moment qu'il n'y aura plus de place pour ton passé. Puis, avec de la pratique, tu parviendras progressivement à t'ancrer dans l'instant présent à partir de n'importe quel point de concentration. Seulement cela demande un minimum d'entraînement.

S'il t'est difficile de méditer et de te reconnecter à l'instant présent, ce qui est tout à fait normal si tu n'as jamais médité auparavant, alors tu peux utiliser le futur. Ce n'est pas souvent que je recommande cela, mais dans certains cas, il peut être utile de te projeter dans le futur un instant, afin de te libérer de ce que tu as vécu dans le passé et qui t'empêche d'avancer aujourd'hui. Par exemple, si tu as vécu une rupture et qu'aujourd'hui tu te laisses affecter par cela, alors te projeter dans le futur et te visualiser heureux sans cette personne peut t'aider à surmonter cette épreuve.

De même, si tu as perdu ton travail et que cela t'affecte, te visualiser dans le futur avec un autre travail que tu aimes et dans lequel tu es épanoui ne pourra que t'aider à continuer d'avancer. C'est toi qui construis ton lendemain à partir de tes actions actuelles, alors que décides-tu de faire aujourd'hui ? Ressasser le passé ou avancer pour te créer un avenir meilleur ?

Te projeter dans le futur te permettra ainsi de voir qu'une période meilleure t'attend et que ta situation actuelle, aussi difficile soit-elle, n'est que passagère. Cela te donnera l'énergie et l'espoir de continuer et de te libérer du passé.

Cependant, utiliser ton futur ne signifie pas y rester bloqué. Aussi, ne te dis pas « Je serai heureux quand... », ce qui créerait de l'impatience. Non, le bonheur ne dépend pas des événements et des contextes extérieurs. Le bonheur est un état intérieur que tu peux expérimenter à tout moment. Pour cela, il te suffit de te connecter à ta joie intérieure. Là, il s'agit de visualiser un avenir meilleur où tu aurais réussi à surmonter tes difficultés, non pas à te placer dans une position d'impatience. N'oublie pas que c'est toi qui utilises le futur et non l'inverse.

Ainsi, prends conscience que la souffrance que tu expérimentes en ce moment vient de toi-même. C'est toi qui décides de repenser sans cesse à ton passé. Et par ce comportement, non seulement tu t'empêches de vivre pleinement le présent, mais en plus tu détermines ton futur comme le reflet de ton passé.

Te libérer du passé est extrêmement libérateur. C'est comme si tout à coup tu ouvrais un nouveau chapitre, où rien n'est encore écrit. Tu deviens l'auteur de ta vie, l'acteur de ta vie. Si ces événements douloureux, ou bien ces personnes, t'ont fait souffrir à un moment donné, c'est toi qui alimentes ta propre souffrance aujourd'hui en décidant d'y repenser.

COMMENT SURMONTER DES SITUATIONS DIFFICILES ?

« Tout ce que tu vis aujourd'hui
t'aidera plus tard.
La seule chose qu'il faut que tu fasses,
c'est développer cet état d'esprit
face aux difficultés de la vie. »

Des situations difficiles, qui nous affectent, nous en vivons tous. Peu importe notre sexe, notre âge, nos revenus, notre travail, notre couleur de peau, nous traversons tous des périodes difficiles. En revanche, ce qui distingue quelqu'un de profondément heureux de quelqu'un qui se laisse affecter par les événements, c'est le fait que le premier se sert de ces difficultés pour évoluer et apprendre, là où le second subit.

C'est normal de te sentir mal, perdu, seul, démuni, triste, en colère, déprimé, etc., c'est humain, mais cela ne veut pas dire que tu ne dois rien faire pour aller mieux.

Avant toute chose, je tenais à insister sur un point, qui me semble primordial : ne définis pas ta vie par rapport à cette période. Ce n'est pas parce que tu traverses une période difficile que toute ta vie est difficile. Ce n'est pas parce que tu expérimentes la souffrance en cet instant que ta vie n'est que souffrance. Ne base jamais ton existence sur un instant, car le prochain sera à coup sûr différent. La vie est faite d'impermanences et de changements, de saisons, de hauts et de bas qui se succèdent. Alors, aussi difficile et longue que soit la période que tu traverses en ce moment, ne base pas ton futur sur elle. Un avenir meilleur t'attend.

Pour cela, laisse-moi te poser une question : la situation qui t'affecte aujourd'hui peut-elle être changée ? Si la réponse est oui, alors tu connais la solution : mets tout en œuvre, aussi difficile que ce soit, pour changer cette situation. Ton travail te rend malheureux ? Aussi compliqué que ce soit de changer de travail, mets tout en œuvre pour le faire. Ce sont tes relations qui t'affectent ? Alors, éloigne-toi de ces personnes toxiques et change tes fréquentations. C'est le lieu où tu habites qui est la source de ton mal-être ? Fais en sorte de déménager dans un endroit où tu te sentes bien. Je ne dis pas que c'est facile, je dis simplement que tu as les clés en main pour améliorer ta vie et expérimenter le bien-être. À toi de voir maintenant si tu souhaites changer la situation qui t'affecte ou non.

Le problème se pose surtout dès lors que tu ne peux pas modifier l'événement qui t'affecte, comme un deuil, une maladie ou encore une rupture, une trahison. Ce sont des événements sur lesquels tu n'as aucun contrôle. Face à une situation que tu ne peux contrôler, le plus important est d'accepter ce qui est et de lâcher prise.

Cesse de te débattre et de perdre toutes tes forces dans ces actions inutiles, et lâche prise. Libère-toi de ce poids. La situation est telle qu'elle doit être. Tout est parfait.

Accepte ta situation. Cela ne signifie pas que tu abandonnes, mais simplement que tu as la sagesse de ne pas perdre ton énergie à combattre quelque chose qui ne peut l'être.

Changer ta perception de la situation t'aidera à mieux l'accepter et à lâcher prise. Ne vois pas les événements de la vie comme des problèmes à résoudre, mais bien comme des challenges à affronter, qui sont là pour te faire évoluer, grandir et mûrir. Prends conscience que ces épreuves sont d'incroyables sources d'apprentissages, sur toi-même, sur les autres mais aussi sur la vie elle-même.

Je crois sincèrement que chaque événement, chaque situation, chaque obstacle se matérialise dans ton existence pour une raison bien spécifique. Peut-être que tu ne découvriras la raison que bien des années plus tard, mais avoir cela à l'esprit dès aujourd'hui t'aidera à être moins affecté par ta situation.

De plus, tout comme pour te libérer du passé, te focaliser sur le futur via tes rêves, tes objectifs et la vie que tu souhaites expérimenter t'aidera à te sentir mieux en cet instant. Prends conscience que la souffrance que tu ressens actuellement te ralentit dans l'atteinte de ces objectifs qui te tiennent à cœur. Aussi, si tu souhaites les réaliser, fais en sorte de te sentir bien, confiant et d'avoir un état d'esprit positif. Il faut cesser de te laisser affecter par ce qui s'est passé et aller de l'avant.

Enfin, voici deux autres conseils que j'avais envie de te donner pour modifier instantanément ton état émotionnel et que tu retrouves ainsi ta joie et ton énergie. Cette fois-ci, je ne vais pas te parler de la douche froide, bien qu'elle puisse t'aider grandement, mais bien de la danse. Choisis une musique rythmée que tu aimes particulièrement, une musique qui, peu importe ta situation et ton ressenti, te donne envie de danser. Puis mets-la à fond et danse, chante, lâche-toi, exprime-toi et surtout amuse-toi.

Peu importe si tu ne sais pas danser, peu importe si tu as l'air ridicule, bouge ton corps sur le rythme de la musique. Bouger, c'est tout ce qui compte ici. Il n'y a plus de passé, plus de futur, plus de problèmes, plus de souffrances. Juste toi, en train de danser et de t'amuser. Vas-y, fais-le, pose ce livre et va danser quelques instants. Je peux t'assurer qu'après tu te sentiras nettement mieux.

Puis, par la suite, concentre-toi sur ce pour quoi tu es reconnaissant dans ta vie. Liste au minimum trois choses pour lesquelles tu as de la gratitude. Dans un premier temps, cela peut être le fait d'être en vie. Simplement. D'avoir des yeux pour lire ce livre ou encore la chance d'avoir appris à lire. Commence comme cela par lister des choses générales, puis agrandis ta liste avec des choses plus spécifiques, plus petites mais pour lesquelles tu es tout autant reconnaissant.

On sous-estime souvent le pouvoir de la gratitude, pourtant, plus tu expérimenteras la gratitude pour ce qu'il y a dans ta vie, plus tu te sentiras bien et heureux et ce, peu importe la difficulté que tu rencontreras. Être heureux ne dépend pas de ce que tu as, de ce que tu fais, de tes capacités, ou encore des gens qui t'entourent, mais bien de ta reconnaissance envers tout cela.

Par conséquent, j'aimerais simplement te rappeler que toutes les solutions sont présentes en toi. Si la vie t'a amené à vivre cette situation c'est parce qu'elle sait que tu es prêt à la surmonter, elle sait que c'est le bon moment, que c'est juste pour toi. Alors ne doute pas de toi, malgré la difficulté de l'obstacle. Ta souffrance d'aujourd'hui fera ta force de demain.

En conclusion, je souhaitais vraiment, dans cette première partie, te transmettre toutes les clés que j'utilise quotidiennement afin que tu apprennes avant tout à mieux comprendre ton mental, et ensuite, à mieux le gérer. Que ce soit par l'acceptation, l'observation, ou le lâcher-prise, tu arriveras à trouver cet équilibre émotionnel, cette neutralité en appliquant ces conseils avec croyance et bienveillance. Je le dis et le répète, mais tes émotions ne sont pas tes ennemies, même les émotions que tu catégorises comme étant négatives. Elles sont ta force, ton intelligence : l'intelligence émotionnelle.

Trop souvent, on voit la raison être opposée au cœur, aux ressentis, aux émotions et pourtant, à mon sens, les deux sont complémentaires et il ne faut donc occulter ni l'un ni l'autre. Néanmoins, parce qu'écouter ta tête, tu ne sais que trop le faire, préoccupe-toi davantage d'écouter ton cœur, ton instinct, ton intuition. Il saura te guider dans la bonne direction. Notre cœur est à l'origine de notre vie, non pas notre cerveau, et pourtant nous ne donnons que trop peu d'importance à cette petite voix qui tente de se faire entendre.

Tous nos choix sont émotionnels, même ceux qui nous semblent rationnels. Par exemple, tu penses choisir rationnellement entre tel et tel produit que tu vas acheter, mais la raison de ce choix est le ressenti créé par l'achat de ce produit. C'est ce ressenti qui te pousse à choisir tel produit et non l'autre.

Oui, cela te fait peur d'écouter ton cœur, parce que celui-ci, à l'opposé de ton mental, cherchera toujours à te faire expérimenter de nouvelles choses dans le but de te faire évoluer. Suivre ton instinct c'est savoir changer tes plans, peu importe les conséquences que cela va engendrer, c'est bouleverser tout ce que le mental avait prévu, planifié, organisé, c'est aller vers l'inconnu pour en ressortir grandi. Oui, tu te sentiras perdu, parfois. Mais si cela peut te rassurer, c'est normal et même bon signe, car c'est synonyme d'espace et donc de changements. Tu sais, tu n'as pas besoin de définir qui tu es avec certaines actions, pensées et comportements. Ton cœur le sait : tu es simplement qui tu es.

Je ne souhaite pas ici faire l'apologie du cœur contre la raison, je souhaite simplement t'amener à te questionner, à remettre certaines croyances, certains automatismes, habitudes, en cause, afin que tu évolues et que tu te sentes mieux. Ainsi, je ne dis pas qu'il y a une hiérarchie entre ton cœur et ton mental, mais qu'il te faut trouver un équilibre entre les deux en apprenant à mieux comprendre et gérer ton mental. Aie confiance en toi, mais aie confiance également en la vie, en ton instinct et en ton cœur. Ils connaissent le chemin.

La vie mettra sur ton chemin des obstacles que tu devras surmonter, c'est vrai. Mais c'est pour que tu en ressortes plus fort et plus mûr. Tu n'es pas seul à souffrir et si la comparaison est une grande source de négativité au quotidien, utilise-la, non pour voir ceux qui sont mieux que toi, mais bien pour voir toutes ces personnes qui, comme toi, doivent surmonter des difficultés.

N'oublie pas que d'autres personnes ont traversé ou traverseront ce que tu expérimentes en ce moment présent et si certaines parmi elles ont pu s'en sortir, se relever et affronter ces épreuves, ce n'est pas parce qu'elles sont meilleures que toi, ce n'est pas grâce à leur entourage ou à leur environnement. Non. C'est parce qu'elles ont eu le courage et la volonté de changer leur situation. Si elles ont pu s'en sortir, alors tu le peux aussi.

Je ne te dis pas de penser comme moi, mais simplement de te questionner et de tester de nouvelles choses. Si tes pensées d'aujourd'hui ne font pas ton bonheur, pourquoi continuer à penser ainsi ? Vouloir être heureux, c'est un premier pas dont tu peux être fier car le changement ne peut provenir que de toi. Toi tu es différent. J'ai l'espoir que tu ne fasses pas partie des 90 % des personnes qui liront ce livre sans en appliquer les enseignements. J'ai l'espoir que tu crées le changement que tu attends depuis si longtemps.

LES RELATIONS

« Si tu veux aimer sincèrement les autres, il te faut t'aimer avant tout. »

L'homme est, par nature, social, c'est-à-dire qu'il a besoin d'être entouré pour être pleinement heureux. Ce n'est pas qu'une question de choix ou de personnalité, c'est un besoin vital. Par exemple, si je te demande de repenser à quelques moments où tu as été profondément heureux, je pense ne pas me tromper en affirmant que ce sont des moments partagés avec d'autres. Aussi, il m'a semblé important d'accorder une grosse partie de ce livre aux relations, relations amicales, familiales, amoureuses et même à la relation que l'on entretient avec soi-même. Car, s'il est difficile de gérer nos émotions et notre mental, il est également complexe de bâtir des relations saines.

J'aspire à ce qu'à la lecture de cette partie, tu comprennes mieux ce qu'induisent une relation et son fonctionnement, que tu saches comment bâtir des relations saines et épanouissantes. J'aspire à ce qu'à la lecture de cette partie, tu développes suffisamment de respect pour toi-même pour que tu aies enfin le courage de prendre de la distance avec ces personnes qui sont toxiques pour toi. Mais surtout j'aspire à ce que tu t'aimes, réellement, profondément. Je vais le dire et le redire plusieurs fois : non, s'aimer n'est pas narcissique, c'est nécessaire. Si tu veux aimer sincèrement les autres, il te faut t'aimer avant tout.

Pour illustrer cela, j'aime prendre l'exemple de l'avion et des masques à oxygène. Si tu es dans un avion et que, suite à un problème technique, l'avion connaît une dépressurisation, quelle est la meilleure chose à faire ? Mettre d'abord ton masque à oxygène pour ensuite aider les autres ? Ou bien tenter d'aider les autres avant de mettre ton masque à oxygène ? La réponse vient d'elle-même, car en mettant d'abord ton masque à oxygène tu te places en position de pouvoir aider tous ceux qui en ont besoin, tandis que dans l'autre cas tu pourras aider, tout au plus, deux personnes. Dans les relations, c'est la même chose. Si tu ne t'aimes pas avant d'aimer les autres, tu risques de bâtir non pas des relations stables, saines et épanouissantes, mais plutôt des relations de dépendance, voire toxiques.

De plus, prends conscience que tu es la personne avec qui tu passes le plus de temps. Au réveil, tu es avec toi-même, tout comme au coucher. Quand tu es seul, tu es avec toi-même et au dernier instant de ta vie, tu seras avec toi-même. Dès lors, comment peux-tu espérer être heureux sans t'accepter et t'aimer pleinement ? Ainsi, il est temps d'apprendre à te connaître, temps de prendre conscience de tes forces et faiblesses et temps de t'accepter pleinement comme tu es, parfait dans ton imperfection.

Voilà les objectifs de cette partie : transformer ta vie relationnelle en un domaine de vie épanouissant, sain et empli d'amour inconditionnel. Cela est un peu ambitieux, mais je crois en ta volonté de changer les choses, et toi ?

COMMENT SE LIBÉRER DU REGARD DES AUTRES ?

« Tu es unique, car tu es toi,
alors pourquoi vouloir changer
pour plaire à certaines personnes ? »

Le premier élément, vraiment central dans les relations, que j'aimerais aborder est cette peur irrationnelle que l'on entretient à propos du regard des autres. Tu sais, cette peur de dire telles phrases, car on sait que ça ne va pas plaire. Cette peur de porter tels vêtements, que l'on adore, mais qui ne sont pas à la mode. Cette peur d'être simplement soi, d'être authentique à cause du regard que les autres vont porter sur nous.

Nous avons tellement peur du regard des autres que nous en venons à nous cacher, à nous changer, à jouer un rôle qui ne nous correspond pas, simplement pour nous faire accepter, pour nous faire aimer. Mais comment veux-tu être heureux si tu n'es pas toi-même ? Comment veux-tu bâtir des relations solides et saines si tu ne te montres pas tel que tu es ? Tu es unique, tu es différent, voire peut-être bizarre, oui, mais avant tout tu es toi.

Alors pourquoi vouloir changer pour plaire à certaines personnes ? Pourquoi vouloir te cacher pour être accepté ? Si ces personnes en valent le coup, elles t'aimeront tel que tu es.

Combien de fois il m'est arrivé par le passé de me sentir mal à l'aise dans la rue parce que j'avais cette désagréable sensation que tout le monde me dévisageait, que tout le monde me jugeait. Or, non seulement c'était faux – les gens ont autre chose à faire –, mais en plus si c'était réellement le cas, en quoi devais-je avoir honte ? En fait, l'une des raisons qui explique que l'on ait peur du regard des autres, c'est que l'on ne s'aime pas.

Nous-mêmes, nous nous jugeons en permanence. Ainsi, dès lors que l'on s'expose, on s'imagine que les gens vont nous juger également. Donc, la première chose à faire, primordiale, pour te détacher du regard des autres c'est d'apprendre à t'aimer et à t'accepter pleinement, ce que nous développerons largement dans la partie sur ta relation à toi-même. Et si l'image que tu renvoies ne te convient pas, c'est ton droit, mais au lieu de te juger et de te dénigrer par rapport à cela, accepte-toi puis fais en sorte de changer. Crée le changement que tu souhaites expérimenter dans ta réalité.

Ensuite, le deuxième facteur qui explique la peur du regard des autres, c'est ce fantasme irréaliste que l'on a de vouloir plaire à tout le monde. Non, tu ne peux pas plaire à tout le monde, et tu le sais, alors pourquoi continues-tu à rechercher l'approbation et l'amour de tout le monde ? Personne n'est aimé de tous. Non seulement c'est normal, car nous avons tous des goûts différents suivant notre histoire, notre éducation, notre culture, etc., mais en plus c'est positif, car cela te permet de filtrer les personnes qui te correspondent vraiment.

Prends conscience que tu n'as aucun contrôle sur les sentiments des autres. À partir de là, quelle est la meilleure solution face à une chose sur laquelle tu n'as aucun contrôle ? Lâcher prise. Au lieu de gaspiller ton énergie à vouloir plaire à tout le monde, utilise-la plutôt pour être unique, pour être toi. Oui, on dira de toi que tu es bizarre. Oui, on dira de toi que tu n'es pas normal. Oui, on dira de toi que tu n'es pas comme les autres, mais c'est bien ! Ça signifie que tu es authentique. Si les gens se souviennent de toi, c'est par rapport à cette touche d'originalité qui fait de toi quelqu'un de spécial à leurs yeux.

Enfin, la peur du regard des autres peut provenir du fait que toi-même tu juges les autres. Au travers des réseaux sociaux notamment, tu ne cesses d'épier la vie des autres et te compares sans cesse. Se comparer est une sorte d'activité journalière, une habitude à laquelle nous semblons tenir, mais qui, pourtant, cause énormément de souffrances. Habitude qui est, d'autant plus, totalement illogique, car outre le fait qu'on se compare à la vie des autres qui est mise en scène au travers des réseaux sociaux, on se compare toujours au résultat final. On ne se compare pas à une personne en train de travailler durement pour accomplir son rêve, mais bien à celles qui ont déjà réussi. Ce qui ne reflète pas la réalité. Ainsi, cesse de juger les autres et tu auras moins peur d'être jugé. Cesse de te comparer aux autres pour te comparer à la personne que tu étais hier.

Finalement, tout est une question de priorités. Si tu as peur du regard des autres et que cela t'amène à te cacher et à jouer un rôle, c'est parce que tu donnes la priorité aux autres au lieu de te la donner à toi-même, c'est que tu accordes plus d'importance au fait de plaire aux autres que de te plaire à toi-même. Et réfléchir ainsi, c'est faire les choses à l'envers, car c'est en t'aimant toi d'abord que tu attireras ensuite les personnes qui te correspondent vraiment et non l'inverse.

Alors, cesse de te focaliser constamment sur ce que vont penser les autres de toi.

Premièrement, tu n'en sais rien et tu ne peux pas le contrôler, mais surtout cela n'est pas ta priorité. Le plus important c'est ce que toi tu penses de toi-même.

Je sais combien le regard des autres peut être lourd à porter. Je suis passé par là moi aussi. Si tu souhaites t'en libérer, il faut avant tout que tu t'acceptes tel que tu es et que tu prennes confiance en toi. Finis les rôles, fini de se cacher. Montre au monde qui tu es et exprime-toi librement.

C'est ton droit. Oui, être authentique n'est pas facile, il est même fort probable que tu ne saches pas qui tu es tellement tu as joué le rôle que les autres voulaient que tu joues, mais c'est la garantie de ton bonheur. Alors, s'il te plaît prends en considération ces quelques conseils que je te donne.

Sois toi-même, c'est le plus beau cadeau que tu puisses te faire. Vis ta vie et ne laisse jamais le jugement de quelqu'un déterminer qui tu es. Tu décides de qui tu es et pour cela tu as juste besoin d'être toi.

COMMENT AIMER LA SOLITUDE ?

« Toutes les grandes idées naissent du silence. »

La solitude, qui aujourd'hui touche de plus en plus de personnes, est un ressenti souvent rejeté, souvent fui, souvent perçu comme étant négatif, alors qu'elle est essentielle à notre évolution.

Laisse-moi te poser quelques questions. Pourquoi souhaites-tu te libérer de la solitude ? Pourquoi, dès lors que tu te retrouves seul, tu appelles quelqu'un pour parler ou sortir ? Pourquoi fuis-tu ce ressenti et le considères-tu comme étant négatif ? Pose-toi un instant et essaie de trouver des réponses à ces questions. Parce qu'être seul n'est pas négatif, bien au contraire. Cela t'est nécessaire pour te retrouver, prendre du recul, questionner ton quotidien, avancer, progresser, mais aussi et surtout pour apprendre à te connaître davantage. Donc, chéris ces moments où tu es seul au lieu de chercher à les combler, car c'est en appréciant d'être en ta propre présence que tu apprécieras davantage la présence des autres.

Je ne te dis pas de rester seul chez toi, constamment enfermé, mais il s'agit de trouver un équilibre et de ne pas fuir les moments passés seul. Certes, voir d'autres personnes et partager avec elles est également un besoin humain, mais avant de chercher à créer des relations avec les autres, il est important de créer une relation avec toi-même.

En effet, si aujourd'hui tu souffres de solitude, ce n'est pas parce que tu es seul, mais bien parce que tu te sens seul et cela témoigne d'un vide à l'intérieur de toi, d'un manque. C'est le signe que tu ne t'aimes pas suffisamment, que tu ne te suffis pas. Je sais que cela fait peur de rester seul, parce que dans cette société où nous sommes continuellement connectés au monde entier, nous n'avons pas pris le temps de chercher à nous connaître. Pourtant c'est primordial. Si tu souffres de la solitude, c'est le moment de développer ta relation avec toi-même, de te poser les bonnes questions et d'apprendre à être complet.

En fait, si tu n'affrontes pas ce vide que tu ressens, si dès que tu te sens seul, tu crées des relations avec les autres pour combler ce vide, tu créeras des relations superficielles et la plupart du temps de possession et de dépendance. De plus, comme tu veux absolument être accepté, car tu penses que ton bonheur en dépend, tu joues un rôle qui n'est pas toi. Or, des relations superficielles, de dépendance, voire toxiques, où tu n'es pas toi-même, je ne pense pas que ce soit cela qui te rende vraiment heureux et qui comble ta solitude.

Ainsi, il est temps de sortir de ce cercle vicieux et cela passe notamment par le fait de passer des moments où tu es seul avec toi-même, à méditer par exemple, ou à faire du yoga, ou encore à lire, bref à faire ce que tu aimes. Petit à petit, la solitude disparaîtra, car tu seras bien avec toi et puis viendra même le temps où avoir ces moments à toi deviendra une nécessité. Tu trouveras alors cet équilibre entre ton besoin d'être entouré, de faire partie d'un groupe et celui de rester seul.

Je sais que cela n'est pas facile, d'autant plus que le premier réflexe que nous avons quand nous sommes seuls est de nous rendre sur les réseaux sociaux. Et alors, on ne peut que se sentir davantage seul. Les réseaux sociaux ont pour but de rapprocher les personnes éloignées, mais en réalité ils éloignent les personnes qui sont proches. Ils déconnectent les personnes dans la réalité pour mieux les connecter dans un monde virtuel. Mais ce n'est pas cela, une relation. Une relation c'est de l'échange, des dialogues, de l'énergie, non pas un « j'aime » et un commentaire.

Donc, surtout au début, je te conseille vivement de te déconnecter de tout cela. Pas de réseaux sociaux, pas de télévision pour le bruit de fond, pas de musique. Seulement le silence et toi avec toi-même. Respire. Tout va bien. Tu n'es pas seul, tu es avec toi-même. Et là, apprécie ta présence. Prends du recul. Que ressens-tu ? De la solitude ? Pourquoi ? À qui te compares-tu ? À quoi penses-tu ? Que pourrais-tu changer dans ton quotidien pour l'améliorer ? Que pourrais-tu faire pour ne plus ressentir ce sentiment de solitude ? Face à ce temps seul avec toi-même, qu'as-tu envie de faire ?

En te confrontant à ta solitude, tu te rendras compte qu'elle n'est pas si désagréable que cela et alors, étant rempli de l'intérieur, tu attireras les bonnes personnes à toi.

Dans un monde où tout va toujours plus vite, où l'on est assaillis d'informations sonores et visuelles continuellement, prendre des moments pour se retrouver, seul, au calme est une énorme source de bien-être et de sérénité. Tout est dans l'équilibre, et si nous sommes des êtres sociaux, nous avons également besoin de nous retrouver avec nous-mêmes pour réfléchir, mûrir et évoluer.

COMMENT SORTIR DE LA DÉPENDANCE ?

« Enferme un oiseau dans une cage et il voudra s'enfuir, laisse-le libre et il reviendra. »

Que cela soit dans une relation amoureuse, familiale ou encore amicale, la dépendance est présente dans beaucoup de relations et est à l'origine de grandes souffrances. Lorsque, dans une relation, l'une des deux personnes est dépendante de l'autre, non seulement celle-ci souffre de cette dépendance, mais en plus elle cause une souffrance à l'autre en cherchant à l'enfermer et à la contrôler. Ainsi, malheureusement, la plupart des relations de dépendance finissent par s'arrêter. Or, si tu lis ce chapitre, c'est probablement que tu as envie de changer les choses. Nous allons donc voir comment se libérer de cette dépendance pour bâtir une relation plus saine et durable.

Tout d'abord, si c'est l'autre personne qui est dépendante de toi, cela sera compliqué pour toi de la changer, car le changement ne peut provenir que de la personne. En revanche, tu peux tout de même tenter d'avoir une discussion avec la personne, en lui expliquant ta souffrance, ton sentiment d'enfermement et ton manque de liberté pour qu'elle ait un déclic. Dans ce cas, n'utilise pas le « tu », « Tu fais ceci, tu te comportes comme cela », car tu risques de braquer la personne, mais concentre-toi plutôt sur ton propre ressenti.

Tu peux également tenter de lui faire lire ce chapitre. Mais surtout, ne te laisse pas faire. Ce n'est pas lui rendre service que de te laisser enfermer. Je sais combien cela est difficile, car ça amènera à des conflits, mais si tu ne t'affirmes pas, la personne deviendra de plus en plus dépendante et jalouse. Cela n'aidera aucun de vous et la relation risquera grandement de se terminer. Donc, oser t'affirmer c'est donner une chance à ta relation de perdurer.

Si c'est toi la personne dépendante, il faut analyser un peu plus cette dépendance. En prenant du recul, demande-toi à quoi tu es dépendant spécifiquement. Parce qu'on n'est pas dépendant d'une personne, mais bien de ce qu'elle nous apporte. Alors, que t'apporte cette personne qui te rend dépendant d'elle ? De l'argent ? De l'amour ? Du temps ? De l'attention ? Du soutien ? Peu importe ce que c'est, il va falloir en prendre conscience et t'en détacher, afin de pouvoir aimer davantage, aimer d'un amour pur et inconditionnel, aimer la personne pour ce qu'elle est et non pour ce qu'elle t'apporte.

Ainsi, pour te détacher de cet élément qui te rend dépendant de la personne, il te faut dans un premier temps l'analyser, le clarifier, puis réfléchir à comment tu pourrais le combler sans cette personne.

Je suis conscient que tout cela peut paraître abstrait, prenons donc un exemple pour illustrer mes propos. Imaginons que tu sois en couple et que tu sois dépendant de ton/ta partenaire. Cela t'amène à être jaloux et à vouloir contrôler tout ce qu'il/elle fait. Se sentant enfermé(e), ton/ta conjoint(e) te le reproche et vous souffrez tous les deux. En prenant du recul sur votre relation et en réfléchissant, tu te rends compte que tu es en fait dépendant de son soutien. Il/elle est toujours là pour toi, à te soutenir dans tous tes projets et cela a une très grande valeur pour toi. Dans ce cas, prends conscience que ce soutien, dont tu es dépendant, tu peux le trouver en toi.

En développant ta confiance en toi, tu sauras te soutenir, sans avoir besoin de soutien extérieur. Alors, tu te libéreras de ta dépendance envers ton/ta partenaire et, lui redonnant sa liberté, votre relation ne pourra que s'épanouir. En prenant conscience que tu peux combler ton besoin seul, tu n'es plus dans cette peur extrême de perdre la personne, ce qui ne veut pas dire que tu l'aimes moins, et chacun retrouve alors sa liberté.

Ainsi, là est le piège des relations de dépendance : au début, tu ne te rends pas compte que tu es dépendant, comme toute addiction finalement, et puis un jour tu prends conscience que tu ne pourrais pas vivre sans la personne et tu commences à développer cette peur de la perdre. Tu deviens jaloux et possessif pour garder cette personne auprès de toi et en te conduisant de cette manière-là tu matérialises ta peur : la relation prend fin.

En fait, tu as peur qu'en te détachant de la personne aimée, tu la perdes, mais c'est tout le contraire qui se passe. Car être dépendant ce n'est pas aimer la personne, c'est l'aimer pour ce qu'elle t'apporte.

Pour casser ce cercle vicieux et sauver ta relation, il faut vraiment que tu identifies cet élément dont tu es dépendant et que tu trouves un moyen de le combler seul. Toutes les solutions se trouvent en toi, aie confiance en toi.

COMMENT RÉAGIR FACE AUX REPROCHES ?

« Prendre les choses personnellement c'est de l'autosouffrance. »

La plupart d'entre nous aimons juger, critiquer et donner notre avis sans même qu'on nous l'ait demandé. C'est une de nos habitudes favorites, et pour cause, il y aura toujours quelque chose à critiquer. Étant humains, nous sommes imparfaits. Je ne suis pas parfait, tu n'es pas parfait, nous avons chacun nos qualités, nos défauts et nos goûts et oui, il y aura toujours quelque chose à critiquer. Bref, tu ne peux pas échapper aux critiques. Quoi que tu fasses, quoi que tu dises, on te jugera toujours, même si tu ne fais rien et ne dis rien. Pour illustrer cela, prenons l'histoire du père, de l'enfant et de l'âne.

C'est l'histoire d'un père qui va au marché à dos d'âne avec son fils à côté. Arrivés au marché, ils entendent les gens critiquer le père : « Mais quel mauvais père qui oblige ainsi son fils à marcher à pied ! » Le lendemain, ils retournent au marché avec cette fois-ci le fils sur l'âne et le père marchant à côté. Et là ils entendent : « Quel fils indigne qui ne respecte pas son père et le laisse marcher ! » Le jour suivant, ils s'installent alors tous les deux sur l'âne et en arrivant au marché ils entendent : « Ils ne respectent pas leur bête à la surcharger ainsi ! » Enfin, le dernier jour, ils décident de se rendre au marché mais en portant cette fois leurs affaires eux-mêmes et en laissant l'âne tranquillement derrière eux. Ils entendent alors les gens dire : « Voilà qu'ils portent eux-mêmes leurs bagages maintenant ! C'est le monde à l'envers ! » La morale de l'histoire ? Tu l'auras compris : peu importe ce que tu fais, il y aura toujours quelqu'un pour te critiquer. Alors fais ce que tu aimes et tu seras heureux.

Si tu ne peux échapper aux critiques, en revanche, tu peux modifier l'impact qu'elles ont sur toi, en transformant cette négativité en motivation et en t'en servant au lieu de la subir. Ainsi, considère les critiques comme des « boosteurs » de motivation et sers-t'en pour t'endurcir, pour évoluer et pour prouver aux autres qu'ils ont tort. Quelqu'un te dit que ton projet ne fonctionnera pas ? Transforme cette négativité en motivation afin de tout donner pour que ça fonctionne et prouver à cette personne qu'elle avait tort.

Face à quelque chose que tu ne peux changer, la solution reste toujours d'en modifier ta perception. C'est ainsi que Schwarzenegger, qui a reçu beaucoup de critiques au début de sa carrière, s'est battu et a donné le meilleur de lui-même jusqu'à atteindre le niveau qu'il a aujourd'hui. Les critiques ne sont pas une excuse pour t'arrêter, à toi de savoir les transformer en force et en motivation.

Pour cela, ne prends plus les reproches trop à cœur en te désidentifiant de ton ego. C'est normal de te sentir attaqué quand tu as une croyance ou une habitude ancrée dans ton quotidien et que quelqu'un te dit que ce que tu fais n'est pas bien. C'est la première réaction de chacun de nous. Seulement, au lieu de ressentir de la colère et de laisser ton envie d'avoir raison dominer, cherche à comprendre pourquoi cette personne tient ce discours. Quelle est son histoire, quelles sont ses connaissances, ses expériences ? Prends conscience que ses propos n'ont rien à voir avec toi, mais tout à voir avec elle. Tu as ta façon de penser et elle a la sienne. Si tu te débats pour avoir raison et imposer ta manière de voir les choses, alors tu n'es pas mieux qu'elle. En revanche, te sortir de cette envie d'avoir absolument raison et considérer le point de vue de l'autre personne est déjà un énorme pas, car t'ouvrir à sa façon de penser, c'est t'offrir la possibilité d'évoluer. Peut-être que ce qu'elle te dit est vrai, peut-être que cela peut t'aider à devenir une meilleure version de toi-même. Si ce n'est pas le cas, alors transforme cette critique en motivation.

Il y a donc une règle d'or à ne pas oublier : questionne. S'il ne s'agit pas de rejeter directement ce que te dit la personne en refusant d'écouter son point de vue, il ne s'agit pas non plus de la croire et de prendre pour acquis ce qu'elle te dit. Demande-toi toujours qui est cette personne pour te faire douter, quelqu'un qui s'y connaît vraiment ou bien quelqu'un qui n'a aucune connaissance en la matière ?

Imaginons que tu te lances dans un projet de business et que quelqu'un te dise « Tu ne devrais pas faire ça comme ça, ça ne va pas fonctionner », tu vas tout de suite avoir tendance à écouter cette personne, n'est-ce pas ? Tu vas donc changer ce que tu avais prévu et cela pour qui ? Pour une personne qui n'a jamais eu de business auparavant ? Je ne dis pas que douter est mauvais, les remises en question sont nécessaires pour évoluer, seulement fais attention aux personnes qui te critiquent et t'amènent à douter. Tu te rendras compte que dans la majorité des cas, ce sont des personnes qui n'ont aucune expérience. Dès lors, ne modifie pas tes actions pour l'avis d'une personne qui ignore ce qu'il faut vraiment faire. Si tu as besoin de conseils dans un domaine précis, choisis bien les personnes auxquelles tu poses des questions, et dirige-toi vers des professionnels qui ont de réelles connaissances et compétences. Et même dans ce cas, adapte ces conseils à ton projet et à ta situation.

Par conséquent, si tu ne peux échapper aux critiques, tu peux décider de leur impact sur toi. Face à quelqu'un qui te critique, tu as deux choix : douter, perdre confiance ou bien transformer cette négativité en motivation et travailler sur les points faibles que ces critiques mettent en exergue pour devenir la meilleure version de toi-même. Quel type de personne veux-tu être ? Telle est la question.

COMMENT SORTIR DU HARCÈLEMENT ?

« Ne laisse pas quelques personnes gâcher ta vie. C'est TA vie, c'est toi qui en as le contrôle et personne d'autre. »

Le harcèlement, qu'il soit moral ou physique, scolaire ou professionnel, est extrêmement difficile à vivre. Si c'est ton cas, je comprends ta souffrance, sache que tu n'es pas le seul dans cette situation. J'ai moi-même été victime de harcèlement, physique et moral, durant de nombreuses années. D'abord à l'école, puis au travail, j'étais ce qu'on appelait la « tête de Turc ». J'étais pris à part par un groupe de personnes et l'on me jugeait et me critiquait sans cesse. On se moquait de moi, on me poussait, on me rabaissait, on me mettait mal à l'aise. Bref, c'était une période très difficile pour moi et c'est pour cette raison qu'il me tient à cœur de partager avec toi l'astuce qui m'a aidé à m'en sortir. Si j'ai pu tenir le coup et m'en sortir, tu le peux aussi.

La première chose à faire lorsque l'on se trouve dans une telle situation est de demander de l'aide extérieure. Parles-en à tes professeurs, à des collègues, à ta famille, à des amis, à des personnes spécialisées dans ces situations. Surtout, ne reste pas seul, c'est très important. Je sais combien il peut être difficile d'oser prendre la parole et de s'exprimer, parce que c'est honteux, parce qu'on a peur des conséquences, parce qu'on ne veut pas partager ça, mais je t'assure que ce sera libérateur.

Personnellement, j'ai attendu l'aide extérieure, mais elle n'est jamais venue. Le problème du harcèlement, et encore plus aujourd'hui avec les réseaux sociaux, c'est qu'il se fait hors de la vue des personnes qui peuvent t'aider. Tu te fais rarement harceler en classe, mais plutôt à la sortie de l'école, là où personne n'est présent pour t'aider. Alors s'il te plaît, pour toi, si le harcèlement devient physique, ne les laisse pas faire, n'attends plus une aide extérieure. Affronte tes peurs, sois courageux et règle la situation. C'est ta vie, c'est ton corps.

Ce qui a particulièrement bien fonctionné pour moi, c'est de changer mon comportement face à mes harceleurs. En effet, si tu prends un peu de recul, tu te rendras compte que ces personnes ont un comportement bien spécifique et qu'à chaque fois tu réagis également d'une manière bien spécifique. Il y a un schéma déterminé. Par exemple, elles vont se moquer de toi, tu vas rougir et ça va les amuser. Elles auront eu ce qu'elles attendaient. Ainsi, en changeant ton comportement, en les regardant en face sans aller dans la confrontation, en rigolant, ou encore en jouant de la situation, tu vas complètement casser ce schéma. Dès lors, ces personnes s'ennuieront rapidement avec toi, voyant que leurs intimidations ne fonctionnent plus, et te laisseront tranquille.

Là aussi, je sais que cela demande beaucoup de force mentale, mais je peux t'assurer que ça finira par fonctionner et tu pourras être fier d'avoir su t'adapter, d'avoir su changer ton comportement pour te sortir de cette situation. Cela deviendra l'une de tes plus grandes forces par la suite.

Dans tous les cas, aussi difficile et longue que soit cette période, ne base pas ta vie sur elle. Ce n'est qu'une période, un moment, certes extrêmement difficile, mais un moment. La roue tourne, tu vas évoluer, grandir et cette histoire fera partie de ton passé. Ces personnes ne contrôlent pas ta vie. Fais en sorte qu'elles ne t'empêchent pas de réaliser tes rêves. De même, s'il te plaît, ne te laisse pas influencer par elles, n'entre pas dans leur groupe pour échapper à cette situation. Ce serait faire à d'autres ce qui t'a tant fait souffrir. Ce serait t'enfermer dans un rôle qui ne te correspond pas. Là n'est pas la solution.

Ainsi, ce qui m'a vraiment aidé a été de changer mon comportement face à mes agresseurs. Même si cela demande une certaine force mentale, je sais que tu y arriveras. Cette souffrance d'aujourd'hui deviendra ta force de demain. Ne laisse pas ces quelques personnes gâcher ta vie. C'est TA vie, c'est toi qui en as le contrôle et personne d'autre. Demander de l'aide pourra t'apporter du soutien, mais n'oublie pas que la solution vient de toi. Tu es plus fort que tu ne le penses, alors montre-leur.

COMMENT GÉRER LES PERSONNES TOXIQUES ?

« Rester aux côtés d'une personne toxique, c'est prendre le risque de devenir soi-même toxique pour les autres. »

Qu'est-ce qu'une personne toxique ? Derrière cette expression de « personne toxique », je placerais les personnes qui en très peu de temps arrivent à transformer ton énergie positive en énergie négative. Le genre de personnes qui râlent et se plaignent constamment. Le genre de personnes qui ne voient les choses que de manière négative et pour qui rien ne va. J'y placerais également les personnes qui vont sans cesse dévaloriser tes actions et te critiquer, te juger, voire t'insulter.

Ces personnes toxiques t'apparaissent généralement comme fatigantes parce qu'elles puisent toute ton énergie, toute ta positivité. Et malgré tout l'amour que tu peux leur porter, tu n'as plus forcément envie de les voir et de partager des moments avec elles. Est-ce qu'en lisant cette description des visages te viennent en tête ? Si oui, alors ce sont probablement des personnes toxiques pour toi.

Sache que ton énergie n'est pas illimitée. Chaque matin, tu te réveilles avec plus ou moins d'énergie et au fur et à mesure de la journée cette réserve d'énergie s'épuise. Dès lors, souhaites-tu l'épuiser en seulement quelques heures en côtoyant ces personnes toxiques ?

La première chose que tu dois te demander est si cet état très négatif de la personne est permanent ou temporaire. Parce qu'un ami très négatif n'est pas toxique si ce n'est qu'une période passagère due à un problème qu'il a rencontré. Dans ce cas, sois présent pour lui, il a besoin de toi pour retrouver sa joie intérieure. Apporte-lui ton temps et ton énergie, soutiens-le comme tu aimerais qu'il te soutienne dans une période difficile. En revanche, si ce n'est pas une phase, mais bien un état qui perdure dans le temps, alors cette personne est bien ce qu'on appelle une personne toxique.

Les personnes toxiques sont bien souvent des personnes en souffrance, très identifiées à leur ego et qui n'ont pas de buts définis dans leur vie. Ainsi, elles expérimentent un mal-être et vont se plaindre et râler constamment, voire chercher à te rabaisser. Elles sont jalouses de te voir heureux et avancer vers tes rêves et elles cherchent donc à te mettre au même niveau qu'elles pour se sentir moins seules.

Ainsi, rester entouré de ces personnes, c'est non seulement t'empêcher d'avancer, mais c'est aussi et surtout mettre en péril tes autres relations, car à terme tu deviendras toi aussi quelqu'un de toxique. En effet, on dit souvent que l'on est la moyenne des cinq personnes que l'on côtoie le plus. Pose-toi alors ces questions : « À qui ai-je envie de ressembler ? Quelle personne ai-je envie de devenir ? » Je doute que tu veuilles devenir, à ton tour, une personne toxique, dès lors, que faire de ces relations ?

Le problème se pose quand les personnes toxiques font partie de ton entourage, qu'elles sont des personnes que tu aimes, des amis, des membres de ta famille voire ton/ta partenaire. Le problème se pose quand tu as bâti une relation avec ces personnes toxiques. Dès lors, comment se protéger de leur négativité et critiques ?

Tout d'abord, tu peux commencer par lire les chapitres sur les critiques et le regard des autres. Cela pourra t'aider à prendre de la distance par rapport aux critiques que peuvent émettre les personnes toxiques. Dans tous les cas, si une personne te critique et émet des jugements à ton égard, d'autant plus si c'est une personne proche, la meilleure façon de réagir est d'ignorer ce qu'elle te dit. Rien ne sert de perdre ton temps et ton énergie à répondre ou à chercher à comprendre. Cela n'en vaut pas la peine. Le mieux est d'exprimer de la compassion à l'égard de cette personne, car ses actions et ses paroles sont la preuve qu'elle souffre intérieurement. N'oublie pas que pour changer une situation, il ne faut pas réagir de la même façon, auquel cas tu l'aggraves.

Puis, tu peux tenter d'en discuter avec la personne, de lui expliquer ce que tu ressens en sa compagnie et d'essayer de lui faire changer sa manière de voir la vie afin qu'elle modifie son état d'esprit. Seulement, cela est compliqué et fonctionne rarement, car le changement doit venir de la personne elle-même. Il faut donc faire référence à son bien-être à elle et lui faire prendre conscience qu'elle serait bien plus heureuse avec un état d'esprit plus positif, qu'elle expérimenterait davantage de bien-être si elle arrêtait de râler et de se plaindre constamment. Il faudrait parvenir à lui montrer que la manière dont elle pense est néfaste pour elle, en insistant sur le « pour elle » et qu'elle peut changer cela, que tu seras là pour l'aider dans cette évolution. Je te souhaite sincèrement que cette première option fonctionne, pour toi comme pour la personne, néanmoins il est possible que ce ne soit pas le cas et alors il te restera une dernière solution : prendre tes distances.

Je sais combien cela peut être difficile de décider consciemment de mettre de la distance entre une personne qui t'est chère et toi-même, mais c'est la seule manière de te préserver. Tu auras beau te dire que ses critiques ne t'atteignent pas, sa négativité finira forcément par t'affecter. Elle continuera de puiser dans ton énergie, tu ne peux rien contre cela. Si tu choisis de rester aux côtés de cette personne toxique, en conscience, alors ce n'est plus cette personne qui est responsable de ta perte d'énergie et de ton mal-être, mais bien toi. Est-ce réellement ce que tu souhaites ? Désires-tu mettre de côté tes projets, perdre ta positivité, ton énergie et à terme adopter la même attitude que cette personne ? Parce que c'est ce qui va arriver indéniablement si tu restes à ses côtés. À toi de faire ton choix.

Si cela peut te rassurer, prendre ses distances ne signifie pas ne plus jamais revoir la personne. Ce n'est pas forcément permanent et définitif, à moins que tu ne le décides. Tu peux, par exemple, t'éloigner le temps de concrétiser un projet, puis tenter de revenir afin de voir si cette personne a changé. Si elle a changé son état d'esprit alors tu pourras de nouveau créer une relation avec elle et si elle n'a toujours pas évolué, alors il te sera plus facile de prendre tes distances une deuxième fois. Je sais que ce n'est pas facile à accepter, mais prends conscience qu'en restant à bord du bateau qui coule avec cette personne, vous coulerez tous les deux.

⁂

Certaines personnes peuvent avoir l'impression qu'elles attirent tout le temps les mauvaises personnes et ainsi qu'elles se retrouvent sans cesse dans cette situation de devoir prendre leurs distances. Par exemple, tu as peut-être l'impression d'attirer toujours le mauvais partenaire, ou bien que tous tes amis sont des personnes toxiques. Si cela est ton cas, sache qu'il y a une explication derrière le fait d'attirer les mauvaises personnes, et donc que tu peux faire en sorte de modifier cette situation.

Attirer les mauvaises personnes dans son quotidien n'est pas une fatalité, mais pour cela, il faut que tu acceptes que c'est ta responsabilité : nous n'attirons pas ce que nous souhaitons, mais ce que nous sommes. Nous attirons donc des personnes et des événements qui résonnent sur la même fréquence que la nôtre. Ainsi, notre entourage n'est qu'un reflet de qui nous sommes intérieurement. Si tu te demandes pourquoi les personnes qui t'entourent ne sont jamais là pour toi, observe ton comportement, es-tu là pour les autres ? Si tu te demandes pourquoi tu t'entoures de personnes qui te dévalorisent et te rabaissent, observe ton comportement, rabaisses-tu les autres également ? C'est la base de la loi de l'attraction.

Je sais que ce n'est pas facile à accepter et probablement que ton ego te dira : « Non, ce n'est pas vrai, je ne suis pas comme eux », mais en toute honnêteté, prends du recul et observe ta situation, est-ce si faux que cela ? Ce n'est pas grave, cela arrive à tous, ça m'est arrivé aussi, et le plus important c'est que tu en prennes conscience pour faire en sorte de changer les choses.

Comment ? Premièrement, en observant ce que tu n'aimes pas chez ces personnes avec lesquelles tu voudrais prendre tes distances. Est-ce leur état d'esprit négatif ? Le fait qu'elles râlent et se plaignent constamment ? Le fait qu'elles te rabaissent ? Qu'est-ce que tu leur reproches ? Il est important de le savoir, car ces comportements, cet état d'esprit, ces paroles que tu leur reproches sont probablement présents en toi également de manière inconsciente. Ainsi, en observant ton entourage, tu en apprendras davantage sur qui tu es et cela te permettra de travailler sur ces défauts que tu n'aimes pas. Ces personnes toxiques deviendront alors pour toi un levier pour évoluer et devenir la meilleure version de toi-même.

Deuxièmement, il faut que tu changes la fréquence que tu émets afin d'attirer d'autres types de personnes. Pour cela, il faut que tu te sentes bien intérieurement. Ce livre te donne toutes les clés pour te reconnecter à ton bien-être intérieur. Néanmoins, un élément qui agira considérablement sur ta fréquence vibratoire est tes habitudes. Si aujourd'hui tu ne te sens pas bien et que tu attires constamment des personnes toxiques, c'est que tes habitudes ne te correspondent pas, donc n'attends plus pour les modifier. Bien évidemment, je te recommande fortement de débuter la méditation et le yoga pour tous les bienfaits que t'apporteront ces pratiques, mais tu peux aussi te mettre au sport, ou encore débuter une activité artistique comme la musique ou le dessin. Peu importe. Il faut simplement que tu changes tes habitudes.

Tout commence par toi. Donc fais en sorte de te sentir bien intérieurement et alors tu attireras des personnes qui elles aussi expérimentent le bien-être intérieur.

Par conséquent, n'oublie pas qu'à chaque début de journée tu possèdes une certaine quantité d'énergie et de temps bien définie. Dès lors, préfères-tu l'utiliser pour réaliser tes rêves, ou pour tenter d'avoir une relation avec quelqu'un qui t'épuise ? Personnellement, je n'ai pas envie de me laisser affecter par qui que ce soit. Chaque matin, je travaille sur moi-même pour augmenter cette énergie et entretenir un état d'esprit positif, ce n'est pas pour le perdre au contact d'une seule personne par la suite. Je suis conscient que la solution que je te propose, prendre ses distances, peut te paraître dure, mais rester aux côtés d'une personne toxique et adopter son état d'esprit n'est pas lui rendre service. Ne vaut-il pas mieux réaliser tes rêves pour l'inspirer par la suite ? Ne vaut-il pas mieux développer un état d'esprit positif pour l'aider à aller mieux par la suite ?

« Ta vie est trop courte pour perdre
ton temps avec des personnes
qui ne te font pas de bien. »

RELATION AVEC SOI-MÊME
TOUT COMMENCE PAR TOI

« De la relation que tu noues
avec toi-même
dépendront tes autres relations. »

Comme nous l'avons vu au chapitre précédent, que ce soit pour se libérer du regard des autres, de la solitude ou encore de la dépendance affective, la relation que l'on entretient avec soi-même est PRI-MORDIALE. Avoir confiance en soi, s'aimer, avoir de l'estime pour soi sont autant de comportements indispensables pour mener la vie que l'on souhaite.

Que ce soit sur le plan familial, amical, professionnel, et même spirituel, s'aimer et être en accord avec soi-même est la base de toute vie épanouie et heureuse. Pour nouer des relations saines, exemptes de dépendance par exemple, il te faut être complet avec toi-même. Pour te libérer de la solitude, il faut que tu te suffises et que tu apprécies ta seule présence. Pour aimer les autres d'un amour véritable et inconditionnel, il faut que tu t'aimes avant tout. Bref, de la relation que tu noues avec toi-même dépendront tes autres relations et bien d'autres choses.

C'est pourquoi il m'est apparu important de te parler de la relation que tu entretiens avec toi-même avant d'aborder les relations avec les autres, selon un ordre que je te conseille de respecter dans ta lecture.

REPRENDRE CONFIANCE EN SOI

« C'est l'addition de petites choses qui fait de grandes choses. »

Tout commence par soi. C'est pourquoi il est primordial, pour chacun, de travailler sur sa confiance en soi. Et pour cela, nul besoin d'astuces miracles, cela se passe dès le réveil.

Si je te demande : « Combien d'alarmes mets-tu le matin pour te réveiller ? », quelle serait ta réponse ? Zéro, une, deux, voire trois ? Si ta réponse est plus d'une, cela signifie que tu doutes de ta capacité à te réveiller le matin, que tu penses que tu vas te rendormir après la première alarme et qu'il vaut donc mieux en mettre plusieurs. Mais si tu doutes de ta capacité à te lever à l'heure que tu avais prévue, comment veux-tu croire en toi pour des projets ? Ainsi, la première des choses à faire si tu veux développer ta confiance en toi est d'arrêter de mettre plusieurs alarmes. Si tu dois te lever à 6 heures par exemple, ne programme qu'une seule alarme tiens-t'en à ce que tu as prévu. Il n'y a pas de « au cas où », pas de plan B, fais-toi confiance. Puis, dès que l'alarme sonne, tu te lèves, et ce peu importe si tu as dormi huit heures, six heures ou trois heures. Je sais que cela risque d'être dur au début et que changer cette habitude n'est pas chose facile, car elle est bien ancrée, mais tu y parviendras avec de la volonté. Et si tu as du mal à sortir du lit comme beaucoup de personnes, je te conseille alors d'utiliser la règle des cinq secondes, qui consiste simplement à décompter cinq secondes avant d'agir. Ton réveil sonne, tu décomptes 5, 4, 3, 2, 1 et tu te lèves, sans réfléchir. L'idéal ensuite est de prendre une douche froide et de faire des étirements.

Cette astuce peut te paraître complètement anodine, voire inutile, mais il faut savoir que ta confiance en toi est certes basée sur les grands événements de ta vie, mais aussi et surtout sur des détails de ton quotidien. Les grands projets s'effectuent par de petites tâches, c'est donc à cette échelle qu'il faut travailler ta confiance en toi. En te réveillant à l'heure prévue, tu programmes ainsi ton cerveau à effectuer ce que tu prévois. Tu sais que tu réalises les choses que tu te fixes et cela t'aidera alors grandement à faire disparaître tes doutes pour réaliser de plus grands projets.

De même, le vocabulaire que tu emploies peut fortement impacter positivement ou négativement ton estime de toi. Ainsi, quand tu souhaites atteindre quelque chose, ne dis pas « j'espère », mais bien « je fais », car ce n'est pas espérer qui va t'amener à réussir, mais bien l'action mise en place aujourd'hui. Donc, n'espère pas, mais agis. Et ne prévois pas de plan B, fais-toi confiance, tu trouveras le moyen de réussir.

Dans tous les cas, quoi que tu veuilles faire, peu importe ton rêve, peu importe ton objectif, tu seras forcément confronté à des difficultés. Pour ne pas baisser les bras face à celles-ci, il faut savoir te mettre volontairement dans des situations inconfortables pour atteindre quelque chose et parvenir à y trouver un minimum de confort. C'est exactement le principe de la douche froide : prendre une douche froide volontairement et apprendre à y trouver un certain confort pour bénéficier des bienfaits par la suite.

Peut-être que quand j'ai abordé la douche froide dans d'autres chapitres, tu as été tenté par l'expérience, mais que tu n'as pas osé, ne t'en pensant pas capable. Si c'est ton cas, tu as dû sentir que cela a affecté ta confiance parce que tu ne t'en es pas cru capable, alors que tu l'es. Oui, je te l'assure, tu es capable de prendre une douche froide, il n'y a que toi qui n'y crois pas. Il te suffit de te dire « Aujourd'hui, je prends une douche froide », et de te mettre sous l'eau. Oui, cela est compliqué parce que ton mental te trouve des excuses pour ne pas le faire. Oui, cela est inconfortable. Oui, cela est déplaisant, mais tu en es capable. Par la suite, tu ressentiras une grande fierté et ta confiance en toi s'en trouvera boostée en plus de tous les autres bienfaits apportés par la douche froide. Arriver à faire des choses qui te déplaisent et qui sont inconfortables pour bénéficier des bienfaits par la suite va grandement t'aider à surmonter les obstacles auxquels tu seras confronté durant ta vie.

En fait, face à un problème, tu as deux options : soit tu trouves une excuse, soit tu trouves un moyen. Quand tu n'as pas confiance, tu trouves une excuse. Mais dès lors que tu as confiance en toi, en tes capacités, en tes projets, tu trouves un moyen. Donc, deviens confiant et va prendre une douche froide. Deviens confiant et ne mets qu'une seule alarme le matin. Deviens confiant et passe à l'action, pas après pas.

Parfois, certaines personnes peuvent avoir l'impression que leur manque de confiance provient de l'extérieur et peut-être est-ce ton cas. Tu te sens bien, tu as confiance en toi, en ton projet, puis des personnes viennent te critiquer, te dire que ton projet ne fonctionnera pas et là, d'un coup, tu te mets à douter et tu perds toute confiance en toi. Si c'est ton cas, c'est que ta confiance en toi est encore trop fragile et il s'agit donc de continuer à la développer, par exemple avec les actions que je t'ai proposées.

De plus, pour éviter d'être affecté par ces critiques et remarques, je te renvoie aux chapitres sur la critique et les personnes toxiques, mais s'il te plaît, pour toi, n'écoute pas ces remarques. Garde confiance et ignore-les. Je te conseille même d'utiliser ton ego. Je ne le recommande pas souvent, mais je t'assure que dans ce cas-là ce sera très efficace.

Aussi, dès qu'une personne te fait une remarque sur ton projet ou ton objectif qui se rapporte à « tu n'es pas capable », note le nom de cette personne et par la suite, prouve-lui qu'elle s'est trompée et que tu as réussi. Prouve-le-lui par tes actions. Travaille, persévère, surmonte les difficultés, va jusqu'au bout et réussis. Et là, une fois que tu auras réussi, ne l'appelle pas, ne va pas la voir pour lui dire que tu as réussi, non, parce que cela gonflerait ton ego. Garde plutôt ta victoire pour toi et laisse les résultats parler d'eux-mêmes. Elle se rendra compte que tu as réussi et qu'elle avait tort, et à ce moment-là, non seulement tu auras boosté ta confiance en toi grâce à ta réussite, mais en plus tu auras su ne pas te laisser affecter par les remarques extérieures.

Par conséquent, il n'y a pas de « recettes magiques » pour avoir confiance en soi. Il faut comprendre qu'elle se développe principalement grâce à tes actions quotidiennes. Se réveiller à la première alarme, prendre des douches froides sont des exemples typiques d'actions qui boosteront ta confiance en toi à long terme. Le sport est également une pratique qui t'aidera à développer ta confiance, car il te permettra de dépasser tes limites et de te réapproprier ton corps. Tu t'afficheras alors avec davantage de confiance en toi et cela influeras sur ton état d'esprit. Cercle vertueux.

Évidemment, bien d'autres actions contribueront à développer ta confiance, mais celles-ci sont importantes si tu les fais chaque jour et notamment dès le réveil. Cela te mettra donc dans une belle énergie pour le reste de la journée. Si tu souhaites approfondir ce point, comprendre d'où vient ton manque de confiance en toi, savoir comment le surmonter et apprendre à mieux te connaître, sache que j'ai créé une formation en ligne entièrement dédiée à ce sujet. Pour en savoir plus, rendez-vous à la fin de ce livre.

COMBATTRE LA TIMIDITÉ

« Si tu veux réellement combattre quelque chose qui te fait peur, la solution est de t'y confronter. »

Souvent, dès lors que l'on parle de timidité, le terme d'« introverti », opposé à celui d'« extraverti », s'invite. Être introverti signifierait aimer rester seul, se replier sur soi-même, être plutôt fermé aux autres et donc, bien souvent, être timide. En fait, généralement, c'est parce qu'on est timide qu'on se dit introverti et donc qu'on se renferme sur soi. À l'inverse, l'adjectif « extraverti », lui, désignerait les personnes ayant une vie sociale largement développée, qui sortent sans cesse et qui, par là même, ne sont pas timides. D'ailleurs, si je te posais la question, tu me répondrais peut-être que tu es introverti ou bien extraverti, comme une composante de ta personnalité. Nous semblons tous connaître notre boîte.

Seulement le problème est là : l'identification à une boîte, car si tu t'identifies à la case « introverti » ou à la case « extraverti », tu vas avoir tendance à t'empêcher de faire certaines choses qui n'entreraient pas dans la définition que tu t'es donnée de toi. Par exemple, quelqu'un qui se dit introverti ne va pas aller danser devant d'autres personnes. Certes, cela peut venir au départ d'une certaine timidité, mais par la suite, cette personne n'essaiera même plus, elle se dira : « Ce n'est pas moi, je suis introverti. »

Pourtant, les personnes qui semblent être les plus extraverties passent, en fait, plus de temps seules qu'entourées. Par exemple, les DJ connus, qui vivent de cette passion, qui font sans cesse des soirées et qui paraissent très extravertis passent en fait la majorité de leur temps seuls, dans leur studio, à composer.

Le message que je souhaite partager ici est qu'il n'y a pas d'introvertis, ni d'extravertis. Ce ne sont que des concepts, des catégories, des boîtes. Aussi, non seulement, ce ne sont pas des composantes génétiques, nous pouvons donc changer ce trait de caractère, mais en plus, nous avons besoin de passer à la fois du temps seuls et du temps entourés de personnes. Je te renvoie sur ce point au chapitre sur la solitude qui t'explique notamment que c'est grâce aux moments passés seul que nous pouvons apprécier davantage les moments passés avec autrui. Il s'agit de trouver l'équilibre entre les deux.

La première chose à faire si tu veux combattre ta timidité est donc de sortir de ces catégories. Nous sommes tous les deux à la fois, et au lieu de te dire introverti, peut-être peux-tu te dire timide. En effet, en te définissant comme timide et non plus comme introverti, tu sors de cette catégorie et de ce côté déterministe. Tu reprends le pouvoir de changer ce trait de caractère.

Si cela peut te rassurer, j'ai moi aussi fait partie de la famille des très grands timides pendant longtemps. Aujourd'hui, j'ai réussi à faire complètement disparaître cette timidité qui m'empêchait de vivre. Si j'ai pu le faire, tu le peux également, crois-moi. Je ne suis pas supérieur à toi ni meilleur, j'ai simplement eu la volonté de changer les choses. As-tu cette volonté ? Si oui, alors tu parviendras à te débarrasser de cette timidité.

En fait, si tu es timide c'est simplement que tu valorises trop les autres par rapport à la valeur que tu te donnes. Si tu perds tous tes moyens devant ton patron par exemple, c'est parce que tu le considères comme étant supérieur à toi, comme ayant plus de valeur que toi. Or personne n'est supérieur à toi, personne. Garde bien cela en tête. Nous sommes tous des êtres humains, et peu importe que cette personne soit riche, célèbre ou qu'elle ait du pouvoir, elle est au même niveau que toi, car elle est humaine, tout simplement. Si tu as du mal à intégrer cela, imagine cette personne aux toilettes. Oui, tu m'as bien compris, cela n'est pas une blague. Aussi bizarre que cette technique puisse te paraître, elle te permet de remettre tout le monde au même niveau.

Tu peux également combattre ta timidité en modifiant ton attitude corporelle. En effet, la timidité s'inscrit dans ton mental par certaines pensées spécifiques, mais aussi dans ton corps. Ainsi, quelqu'un de timide va être quelqu'un qui croise les bras ou bien qui met ses mains dans ses poches. Il va avoir les mains moites et le cœur qui bat vite. Ton corps montre par des signaux que tu es intimidé. À l'inverse, quelqu'un de confiant aura tendance à faire de grands gestes, à avoir le dos droit et les épaules ouvertes.

Tu peux donc utiliser cette observation pour agir sur ta timidité. Par exemple, dès que tu ne te sens pas à l'aise, tente de mettre tes mains sur tes hanches et mets tes épaules en arrière. Tu vas tout de suite te sentir plus en confiance. En revanche, évite de le faire trop longtemps, auquel cas ton interlocuteur pensera que tu cherches à le dominer, ce qui n'est pas ton but non plus. C'est pour cela que le yoga s'avère être très utile contre la timidité et le manque de confiance en soi. Car en pratiquant quotidiennement les postures d'ouverture, avec les épaules en arrière et le dos bien droit, ton corps adopte ce comportement physique et cela devient naturel pour lui.

Mais plus que cela, la timidité se combat par des actions concrètes. Si tu veux apprendre à nager, on a beau te présenter la théorie et t'expliquer chaque mouvement à faire, tant que tu ne seras pas dans l'eau tu ne sauras pas nager. C'est la même chose avec la timidité. Si tu veux réellement combattre quelque chose qui te fait peur, la solution est de t'y confronter. Je sais qu'affronter ses peurs est quelque chose de difficile, pourtant, c'est la clé la plus efficace pour les combattre.

Aussi, si tu as peur de parler à des inconnus, alors va leur parler. Une fois que tu l'auras fait plusieurs fois, tu n'auras plus peur et tu te seras libéré de ta timidité. Pour t'aider dans ce processus, je te lance un challenge. Un challenge difficile mais qui se révélera extrêmement efficace si tu le mets réellement en place. Le voici : parle chaque jour à au moins une nouvelle personne, l'idéal étant au minimum trois. Tu peux faire cela sur une semaine pour débuter, mais le mieux est de le faire sur plusieurs semaines, voire sur plusieurs mois. Certes, cela te demandera beaucoup d'efforts au début, mais je peux t'assurer qu'après tu ne seras plus timide. À toi de voir si tu souhaites réellement te débarrasser de ta timidité.

Ainsi, la première étape est, comme souvent, l'acceptation. Commence par te sortir de la catégorie « introverti » et accepte ta timidité. Là, aujourd'hui, tu es timide, c'est vrai et il n'y a aucun mal à cela. Tu as le pouvoir de changer et tu y arriveras. Que cela soit par ton mental en replaçant tout le monde au même niveau, par ton corps en modifiant ta posture, ou encore par tes actions en allant affronter concrètement tes peurs, je peux t'assurer que ta timidité ne résistera pas longtemps ! La seule condition ? Ta volonté.

Enfin, bien évidemment, ta timidité a ses racines dans ton manque de confiance en toi. Donc si tu souhaites t'en libérer, je te recommande fortement de développer parallèlement ta confiance en toi. Plus tu auras confiance et plus parler à des inconnus ou devant un public te sera facile. Pour cela, je te renvoie au chapitre précédent sur la confiance en soi.

OSER PRENDRE LA PAROLE EN PUBLIC

« Il est temps de montrer au monde ce que tu vaux. »

Dans la continuité du chapitre précédent, voyons maintenant comment s'exprimer en public sans perdre tous ses moyens et surtout en apprenant à gérer son stress. Parce que oui, c'est possible de s'exprimer en public tout en gérant son stress. Il est même important pour tous de savoir le faire, car que ce soit dans nos études, dans notre travail ou encore dans notre vie personnelle, nous devons tous, à un moment donné, nous exprimer devant un public. Non seulement de lourds enjeux peuvent découler de tes prises de parole en public, mais en plus je trouve important que tu saches gérer ton stress pour par la suite que tu apprécies t'exprimer. Je pars du principe que nous avons tous quelque chose à dire, à partager, à exprimer, et je trouve dommage que la plupart d'entre nous n'osent pas.

Si aujourd'hui c'est compliqué pour toi de prendre la parole en public, si tu es paralysé par le stress et que tu te sens extrêmement mal à l'aise, c'est normal. Tu n'es pas le seul et il n'y a aucune honte à avoir. À l'heure actuelle, parler devant un public est l'une des plus grandes peurs recensées. Alors, aucune inquiétude, si tu n'as jamais appris à t'exprimer en public et à gérer ton stress il est normal que ce soit difficile pour toi. La bonne nouvelle est que cela n'est pas une fatalité.

Avant toute chose, je te renvoie au chapitre sur la gestion du stress, qui t'aidera grandement. Et n'oublie pas de te demander si tu es stressé ou excité. Tout dépend de ton interprétation et pourtant cela aura un impact majeur sur la manière dont tu te sentiras. Donc, réfléchis-y, es-tu stressé ou excité ?

Si tu souhaites prendre la parole en public en étant à l'aise, voire même en aimant cela, la meilleure astuce que je peux te donner est de pratiquer, encore, encore et encore. Je sais que tu préférerais que je te donne une recette avec plein d'étapes car cela te donnerait une excuse pour ne pas la mettre en place, mais il n'y en a pas. Plus tu pratiqueras et plus ta peur disparaîtra. C'est le même principe que pour combattre ta timidité.

Si aujourd'hui, tu n'oses pas t'exprimer, c'est parce que tu laisses ta peur te contrôler et le meilleur moyen pour t'en libérer est donc de t'y confronter. Sors de ta zone de confort et exprime-toi. La première fois sera peut-être horrible, mais tu progresseras chaque fois un peu plus, jusqu'à ce que cela devienne quelque chose de normal pour toi. Néanmoins, je ne vais pas te laisser comme cela, sans ressources. Même si le meilleur moyen est de pratiquer, j'ai quelques conseils à te donner pour que cela se passe au mieux.

En premier lieu, il faut que tu te relaxes, et pour cela, que tu changes ton rythme cardiaque. En effet, dès lors que tu es stressé, ton rythme cardiaque a une fréquence bien définie, liée aux pensées que tu as, et pour te relaxer il faut casser ce rythme, soit en le diminuant, soit en l'accélérant pour mieux le diminuer par la suite. Ainsi, le plus facile est de faire des sauts sur place. Avant ta prise de parole, mets-toi à l'écart et saute. Puis calme-toi et tu verras que ton état émotionnel a changé, que tu t'es libéré des scénarios catastrophiques que tu imaginais. Bien sûr, tu peux aussi méditer, faire du yoga, ou simplement t'asseoir et tenter de ralentir ta respiration pour diminuer ton rythme cardiaque, mais cela demande une certaine pratique au préalable. Méditer est certes le mieux, mais je peux t'assurer que si tu n'as jamais médité au préalable et que tu tentes de le faire en période de stress, cela sera compliqué. Donc je te recommande plutôt de sauter sur place. Ainsi, tu pourras commencer ton discours sereinement, sans toutes ces pensées parasites.

Je te recommande largement aussi de parler d'un sujet qui te passionne. Cela t'aidera à trouver tes mots plus facilement et à avoir davantage confiance en toi. Tu pourras ainsi être plus authentique et spontané, qualités importantes dans un discours. Parce que si tu te forces à parler de quelque chose qui ne te passionne pas, tu ne seras pas inspiré, tu ne seras pas animé de cette énergie propre aux discours qui passionnent. En d'autres termes, parler d'un sujet qui te passionne, c'est diminuer ton stress car tu sais que peu importe comment cela va se passer, les mots viendront à toi.

D'autant plus qu'un discours c'est bien plus que des mots, c'est aussi et surtout de l'énergie partagée. En PNL (programmation neuro-linguistique), on dit que 55 % de l'impact de ton discours est dû à ton langage corporel, 35 % au ton de ta voix et 7 % seulement à tes mots. Donc n'aie pas peur de bégayer, de perdre tes mots, de t'embrouiller, cela n'est pas grave. Le plus important est le message que tu transmets, ce message auquel tu crois, qui te passionne et qui a une valeur. Soigne ton attitude corporelle en adoptant une posture ouverte, le buste en avant et bannis les mains dans les poches ou les bras croisés. Utilise l'espace qui t'entoure, sens-toi à l'aise et ouvre-toi. Tu attireras davantage l'attention de ton auditoire.

De même, les pauses et les moments de silence sont primordiaux dans un discours, non seulement pour permettre aux personnes d'assimiler le contenu que tu viens de partager, mais aussi pour réduire ton débit de parole, pour te calmer. Pourtant, dès lors que nous sommes stressés nous faisons l'inverse, débitant les mots les uns après les autres, ayant hâte de finir, ou tout simplement détestant le silence des pauses. Mais, respire, calme-toi et fais des pauses. Non, s'arrêter ne veut pas dire que tu es perdu, ou que tu ne sais plus quoi dire. Faire des pauses signifie au contraire que tu es calme et posé. C'est quelque chose à vraiment prendre en compte pour améliorer la qualité de ton discours.

Si, même avec ces astuces, tu te sens toujours autant submergé par le stress, alors ne regarde qu'une seule personne dans les yeux et oublie les autres. Regarde cette personne et adresse-lui tes mots. Tu ne parles alors qu'à une seule personne et cela, tu sais le faire. Puis, regarde une autre personne et concentre-toi uniquement sur celle-ci. Puis, regarde encore une autre personne et adresse-lui ton discours, et ainsi de suite. Non, tu ne parles pas à un public, tu ne parles qu'à une seule personne à la fois et ça, tu sais le faire. Cette petite astuce t'aidera grandement à diminuer ton stress, parce que parler à une seule personne à la fois sera dans ta zone de confort. Donc, minimiser ta prise de parole est la clé. Puis, une fois que ton discours sera fini, prends conscience de ce que tu viens d'accomplir : tu as parlé devant tout un public ! Tu peux être fier de cela.

Enfin, je voudrais te confier une phrase à te répéter avant et pendant tes présentations orales, une phrase qui te rassurera. La voici : « J'ai juste besoin d'être moi. » Ne cherche pas à jouer un rôle. Tu es passionné par ton sujet, et peu importe si tes idées plaisent ou non, peu importe si ta présentation contient des défauts, ce qui compte, c'est que tu te sois exprimé avec authenticité. Tu ne peux contrôler ce que les autres vont penser de toi et de ton discours, en revanche, tu peux être toi-même. Tu es qui tu es dans ta totalité, avec tes qualités et tes défauts, avec tes forces et tes faiblesses. Tu ne peux pas être parfait, alors lâche prise et exprime-toi simplement. Prends du plaisir à partager ces idées qui t'inspirent et à capter l'attention de ton auditoire. C'est un jeu, amuse-toi !

Arrête de trop réfléchir aux scénarios catastrophiques que ton mental te présente. Reviens au présent et rentre dans cet état de flow où les mots s'expriment par eux-mêmes. N'aie pas peur d'être rejeté par les autres parce que tu t'aimes assez, tu te suffis et tu sais que ton message a de la valeur. Il est temps de montrer au monde ce que tu vaux.

S'ACCEPTER POUR MIEUX S'AIMER

« Tes défauts tout comme tes qualités font de toi quelqu'un d'unique et rien n'est plus beau qu'une personne qui s'accepte entièrement et qui est authentique. »

Tu es magnifique, et ça, ne l'oublie jamais. Je ne te parle pas de ton aspect extérieur, étant donné que je ne te vois pas, mais toi qui lis ces lignes, je peux t'assurer que tu es magnifique. Même si je me situe à des centaines, voire des milliers de kilomètres de toi, je peux le ressentir. Ce n'est pas une croyance, chaque être sur cette planète est magnifique. Alors pourquoi n'y crois-tu pas ? Pourquoi ne t'aimes-tu pas ? Parce que tu as des défauts ? Parce que tu as agi d'une manière que tu regrettes ? Parce que ton corps ne te plaît pas ? Pourtant, là, en cet instant, tu es magnifique, j'en suis convaincu.

Moi aussi, j'ai eu tendance à me comparer à cette personne qui est plus riche, à celle-là qui a plus d'amis, à celle-ci qui a un corps de mannequin. Moi aussi, je suis passé par cette phase où je pensais que je n'étais jamais assez, cette période où je me critiquais et où je me dénigrais sans cesse. Je sais combien cela est source de mal-être. Mais tu sais quoi ? Les autres te critiquent et te jugent déjà. Inutile d'en rajouter.

La clé d'une vie heureuse et épanouie, la clé de relations saines et profondes, la clé de la réussite, c'est avant tout l'estime de soi. Qu'est-ce que l'estime de soi ? C'est s'accepter tel que l'on est dans notre totalité et s'aimer. Si je te demandais : « Qu'est-ce que tu aimes dans ta vie ? », combien de temps faudrait-il pour que tu te places dans cette liste ? Telle est la question. Développer son estime de soi ce n'est pas devenir narcissique comme on aurait tendance à le croire, mais c'est se libérer de la souffrance engendrée par cette non-acceptation de qui l'on est. Il ne s'agit pas non plus d'accepter passivement et de renoncer à ce qu'on voudrait. Non, il s'agit d'accepter qui l'on est pour savoir d'où l'on part et avancer dans la direction souhaitée.

Ainsi, s'accepter se passe à deux niveaux différents : corporel et mental. Les deux sont nécessaires, mais, à mon sens, s'accepter intérieurement est plus important. Qui tu es intérieurement a plus d'importance que ton physique. Commençons donc par ce point.

En premier lieu, pour accepter la personne que tu es, cesse de jouer des rôles en permanence. Nombreuses sont les personnes qui jouent un rôle spécifique avec leur famille, un autre avec leurs amis, encore un autre avec leur patron, etc. Dès lors, comment veux-tu t'accepter si tu n'es pas pleinement toi-même ? Comment veux-tu t'accepter si tu t'empêches de t'exprimer ? Comment veux-tu t'accepter si tu cherches à plaire avant tout aux autres et non à toi-même ? Je pense que tu saisis le problème.

Ainsi, avant même de chercher à t'accepter, la première chose à faire est de t'incarner entièrement pour mieux t'accepter par la suite. Et pour cela, sois authentique, sois toi-même. Exprime-toi, comporte-toi comme tu le souhaites, fais ce que tu aimes. Sois vulnérable. Si tu es un homme et que tu as envie de pleurer, laisse tes larmes couler. Ce n'est pas parce qu'on t'a dit qu'un homme ne doit pas pleurer que tu dois étouffer tes émotions. C'est en ayant la force de te montrer tel que tu es que tu développeras une profonde estime de toi-même. Tu es bien comme tu es. Tu te suffis comme tu es. Inutile de jouer un rôle.

Peut-être que tu te demanderas alors comment savoir qui tu es. En effet, perdu entre tous les rôles que tu joues, à étouffer ce que tu ressens et penses, vient un moment où tu ne sais plus qui tu es. Vient un moment où tu es déconnecté de ton essence.

Si tu veux savoir qui tu es, il ne te faut pas chercher à « savoir » qui tu es, mais juste à être toi-même. Cesse de vouloir continuellement rationaliser les choses et laisse ton cœur être et s'exprimer. Donne-toi le droit de t'exprimer, de faire ce qui te plaît et de vivre, simplement. Reconnecte-toi à ton intérieur. Pour cela, la méditation te sera d'une grande aide. En apprenant à mettre tes pensées de côté, tu réussiras à avoir accès à qui tu es vraiment, au plus profond de toi. Parce que non, tu n'es pas ton travail, tu n'es pas telle ou telle personnalité, tu n'es pas un conjoint, un parent, un ami, tu ne corresponds pas à des cases, tu es toi. Simplement toi dans ton entièreté et ta complexité.

Donc, ne cherche pas à vouloir être quelqu'un d'autre que toi-même. Tu es très bien tel que tu es, je te l'assure. Bannis les « je devrais » de ton vocabulaire, qui signifient que tu rejettes qui tu es et embrasse-toi dans ta totalité. Oui, tu as des forces et des faiblesses, oui, tu as des qualités et des défauts et oui, tu vas évoluer pour devenir la meilleure version de toi-même, mais en cet instant présent tu t'acceptes entièrement tel que tu es.

En second lieu, pour développer ton estime de toi et t'accepter pleinement, cesse de rechercher la perfection. Ne cherche plus à être parfait aux yeux des autres ni aux tiens. Non, tu n'es pas parfait et tu ne le seras jamais, car la perfection n'existe pas.

Ce n'est qu'un fantasme irréalisable après lequel la plupart des personnes courent. Alors, libère-toi de cette culpabilité, de ces regrets, de cette colère qui t'empêchent de t'accepter tel que tu es. Oui, il t'arrive de juger, oui, il t'arrive de penser des choses négatives, oui, il t'arrive de réagir d'une mauvaise manière et c'est OK. Cela nous arrive à tous.

Si des personnes te critiquent, ou qu'il t'arrive de te critiquer toi-même, réponds ceci : « Je ne suis pas parfait, mais je suis en train d'évoluer. » Ainsi, au lieu de perdre ton temps et ton énergie à rechercher la perfection, recherche plutôt l'excellence qui t'amènera à évoluer, progresser et devenir meilleur chaque jour. Tu seras alors dans ce processus continu d'évolution et dans ce bien-être total de t'accepter comme tu es aujourd'hui avec tes qualités et tes défauts, tout en t'améliorant chaque jour pour devenir la personne que tu veux être.

Je suis conscient qu'accepter pleinement qui l'on est intérieurement est quelque chose de difficile. Arrêter de jouer un rôle amène à être perdu et arrêter de rechercher la perfection pour se tourner vers la quête de l'excellence est un grand changement d'état d'esprit. Mais ne lâche rien, car cela t'apportera un réel bien-être.

Voyons maintenant comment s'accepter physiquement, car malheureusement, beaucoup de personnes à l'heure actuelle n'acceptent pas pleinement leur corps. Que ce soit par rapport à leur poids, à leurs formes, à leur taille, à leurs cheveux, à leur peau, à leur visage, etc., nombreux sont les points de leur corps qu'elles n'acceptent pas. Ces complexes leur gâchent réellement la vie, et peut-être est-ce ton cas. Combien de personnes n'osent pas aller à la mer de peur de se mettre en maillot de bain ? Combien de femmes n'osent pas sortir sans maquillage de peur d'afficher leurs défauts ? Beaucoup trop. Dès lors que tu te regardes dans un miroir, tu ne vois que ces défauts, comme s'ils avaient une taille démesurée et cela te cause une grande souffrance. Il est temps de changer cela.

Pourquoi sommes-nous si nombreux à ne pas accepter notre corps ? La réponse vient alors d'elle-même : que ce soit dans les médias, les publicités ou encore les magazines, partout nous voyons des images de corps « parfaits ». De ce fait, beaucoup se comparent sans cesse à ces « corps idéaux ».

Pourtant, là aussi, la perfection n'existe pas. Le corps parfait n'existe pas. Le poids parfait n'existe pas. La taille parfaite n'existe pas. Ce ne sont que des concepts mentaux, qui varient d'un pays à l'autre, d'une culture à l'autre, d'une époque à l'autre, et même d'une personne à l'autre selon les goûts. Sache que même les photographies des mannequins, qui pourtant sont censés avoir un « corps parfait », sont retouchées.

Donc, s'il te plaît, arrête de te dévaloriser parce que tu ne ressembles pas à un mannequin, parce que tu ne fais pas le bon poids, parce que tu n'as pas la bonne taille. Je le dis et le répète : la perfection n'existe pas. Il y a tant à faire dans la vie, ne perds plus ton énergie et ton temps dans cette quête inatteignable. Tu es bien comme tu es. Si jamais tu complexes par rapport à des remarques ou critiques que tu as reçues d'autres personnes, je te renvoie vivement aux chapitres sur les critiques et les personnes toxiques. Ce n'est que leur interprétation et elles n'ont pas à donner leur avis sur qui tu es parce que cela ne regarde que toi. C'est TON corps.

Néanmoins, s'accepter et s'aimer tel que l'on est aujourd'hui ne signifie pas ne pas évoluer. Je n'ai pas dit que ton corps d'aujourd'hui doit absolument te plaire et que tu ne dois pas le changer. Non, il faut certes accepter qui tu es en ce moment présent, arrêter de te critiquer, de te blâmer, de te repousser pour ne plus en souffrir, mais si ton corps ne te plaît pas, alors mets en place des actions pour changer cela. Vise l'excellence et non la perfection. Place-toi dans un processus d'évolution, de changement où ton corps n'est pas ton ennemi, mais bien ton allié, ton partenaire.

Je ne vais pas partager ici des conseils pour obtenir le corps que tu souhaites, simplement parce que je ne sais pas quel est ton objectif. En revanche, je peux t'assurer une chose : si tu manges sainement, que tu pratiques une activité physique régulière et que tu prends soin de toi, alors ton corps changera pour le mieux. Ton corps est ton véhicule. Il te permet de réaliser tes rêves. Alors prends soin de lui et apporte-lui de l'amour.

Ainsi, nous voulons tous être aimés, être acceptés, mais comment peut-on l'être si l'on ne s'aime pas d'abord ? Que ce soit au niveau physique ou mental, tu es qui tu es, avec tes défauts et tes qualités et il serait temps d'arrêter de rejeter cela pour l'accepter pleinement. En cet instant présent, tu es comme tu es. Peut-être que cela ne te plaît pas, mais c'est ta réalité et si tu veux pouvoir évoluer et être heureux il te faut l'accepter.

Cesse de te créer de la frustration, du stress et de la souffrance, cela ne mène à rien. Deviens ton partenaire, aime-toi, accepte-toi pleinement et par la suite, change les choses que tu peux changer pour devenir la personne que tu veux être. Si certaines choses qui te déplaisent ne peuvent être changées, alors, pour trouver la paix intérieure, la seule solution est de les accepter, en changeant notamment ta perception des choses. Un défaut que tu as peut se transformer en force, tout dépend de toi et de ton interprétation.

Combien de personnes sont devenues connues grâce à leurs défauts ? Beaucoup, car elles ont su en tirer profit.

Tes défauts tout comme tes qualités font de toi quelqu'un d'unique et rien n'est plus beau qu'une personne qui s'accepte entièrement et qui est authentique.

S'AFFIRMER

« On ne peut savoir qui l'on est,
on le ressent simplement. »

Savoir s'affirmer fait suite au fait de prendre confiance en soi et de s'accepter. Dans le chapitre précédent, « S'accepter pour mieux s'aimer », nous avons vu comment s'accepter pleinement. C'était donc très tourné vers toi. Là, dans ce chapitre, nous aborderons comment faire pour que cette personne que tu es et que tu as acceptée s'affirme. J'entends donc par s'affirmer non seulement oser être soi, s'assumer et le montrer aux autres, mais également oser dire non et ne pas se laisser faire. Ce chapitre est une étape supplémentaire vers l'authenticité et le bien-être intérieur.

À l'heure actuelle, la notion d'authenticité est très reliée aux autres. Je suis authentique dès lors que je me montre tel que je suis aux autres, dès lors que je ne mens pas aux autres, dès lors que je ne trahis pas les autres. Cela est toujours relié aux autres, alors qu'être authentique c'est avant tout être honnête envers soi-même. En effet, comment veux-tu être honnête envers les autres si tu ne l'es pas avant tout envers toi-même ?

Ainsi, bannis tous tes rôles pour ne garder que celui qui te correspond vraiment. Si tu veux t'affirmer et montrer qui tu es, ne choisis qu'un seul rôle et incarne-le jusqu'au bout, en toutes circonstances. Libère-toi de toutes les attentes que l'on fait peser sur toi, que ce soit ta famille, tes amis ou ton patron, pour ne garder et ne respecter que tes propres attentes. Décide qu'à partir de cet instant, tu ne changeras plus pour qui que ce soit. Tu es toi-même et si les autres t'aiment réellement alors ils t'accepteront tel que tu es. C'est cela, s'affirmer : être pleinement soi-même sans changer pour qui que ce soit.

Cependant, être authentique et savoir s'affirmer demande beaucoup de courage.

Sur ton chemin vers cette authenticité, tu seras probablement amené à affronter des difficultés, telles que ne pas oser dire non, ou bien avoir tendance à te laisser faire parce que tu prônes des valeurs de paix et d'amour. Je suis passé par là également et ce ne sont pas des situations faciles, j'en suis conscient, mais comme toutes difficultés elles possèdent également leurs solutions.

Ainsi, pour oser dire non, il te faut changer ta perception du refus. Si, à l'heure actuelle, tu as du mal à dire non, c'est probablement parce que tu as assimilé ce mot à quelque chose de négatif. Par là même, tu n'as pas envie d'être le créateur de cette sensation désagréable chez des personnes que tu apprécies en répondant négativement à leurs demandes. Seulement, dire non n'est pas forcément négatif. Cela peut même être libérateur pour toi et inspirant pour les autres. Par exemple, si un ami te demande de sortir avec lui vendredi soir alors que tu avais prévu de travailler sur tes projets, lui dire non c'est non seulement te respecter et t'affirmer, mais c'est aussi montrer à ton ami ta détermination à travailler sur ton projet et à te faire passer en priorité. Par la suite, peut-être que cet ami sera inspiré par ta réaction et qu'il se mettra lui aussi à s'affirmer et à se faire passer en priorité.

Aussi, dès lors qu'on te propose quelque chose, ou qu'on te demande un service, prends un temps pour toi, pour te recentrer et pour savoir ce que tu souhaites vraiment répondre. Une fois que tu as la réponse, exprime-la clairement, même si c'est non. Écoute-toi et fais de toi-même une priorité. Tu n'as pas à te sentir coupable de dire non si c'est ce que tu as envie de répondre et c'est d'ailleurs ce que voudrait ton ami. Personnellement, je préfère que l'on me dise non et que l'on soit honnête avec moi plutôt que l'on accepte ma demande à contrecœur.

De même, et ce, sous aucun prétexte, ne te laisse pas faire. Jamais. Peu importe la personne, peu importe son sexe, son âge, sa couleur de peau, son statut, son pouvoir, ne te laisse jamais faire. Personne n'a le droit de te manquer de respect et de violer ton intimité, que ce soit sur le plan mental ou physique. Tu es le maître de ta vie. Pour cela, tu dois te défendre. Je sais que c'est difficile, que cela demande du courage et une certaine volonté, mais c'est très important.

Pour te raconter une anecdote, je sortais d'un de mes ateliers de yoga qui s'était très bien passé, quand une femme, qui n'était pas présente à l'atelier, débute une conversation avec moi. Sauf que j'étais attendu ailleurs. J'ai donc parlé un peu avec cette personne et ai tenté de lui faire comprendre que je devais m'en aller parce que j'avais quelque chose d'important à faire, mais cette personne ne m'a pas lâché. Durant vingt minutes je lui ai parlé et j'ai essayé de lui faire comprendre que je devais m'en aller, mais elle n'a jamais voulu me laisser partir. Elle s'est même assise sur le siège conducteur de ma voiture ! Qu'étais-je censé faire ? J'ai tenté de demander de l'aide aux personnes passant dans la rue, mais aucune ne m'a répondu, alors j'ai réalisé que je devais me débrouiller seul. J'ai donc pris cette femme par le bras, je l'ai sortie de ma voiture et je suis parti. Est-ce que c'était agréable ?

Non. Est-ce que c'était facile ? Non. Mais je l'ai fait, car je me respecte et je ne laisse personne décider de ce que doit être ma vie. Ne te laisse jamais rabaisser. Ne laisse jamais personne te faire du mal ou être irrespectueux à ton égard.

S'affirmer est vraiment important dans le développement de ta confiance en toi. L'un ne va pas sans l'autre, car c'est en prenant confiance que tu oseras t'affirmer et c'est en osant t'affirmer que tu développeras ta confiance en toi. Cercle vertueux. Ne néglige donc pas cet aspect. Je sais que ce n'est pas facile, mais n'abandonne pas, c'est un apprentissage de chaque instant. À quel point es-tu prêt à te battre pour gagner la liberté d'être toi ?

ÉVOLUER

« Ce que tu es capable de faire aujourd'hui
est complètement différent
de ce que tu seras capable
de faire demain. »

Nous avons tous des choses dans notre vie, des pensées, des actions, des comportements qui ne nous plaisent pas et que nous aimerions modifier. Nous avons tous des rêves à accomplir et en tête la personne que nous voudrions devenir. Pour que ces changements puissent se faire, après avoir accepté notre réalité du moment, il faut agir et mettre en place des actions pour se diriger dans la bonne direction. Seulement, bien souvent nous nous retrouvons bloqués par un élément : nos croyances limitantes. La mauvaise nouvelle est que nous avons tous des croyances limitantes, mais la bonne nouvelle est que nous pouvons changer cela et c'est ce que nous nous efforcerons de faire dans ce chapitre.

Tout d'abord, qu'est-ce qu'une croyance limitante ? Une croyance limitante c'est des propos que l'on a entendus, surtout durant notre enfance, sur nous ou nos capacités, ou bien des conclusions que nous avons établies par rapport à certains événements que nous avons expérimentés, et que nous croyons réels. Or, comme le nom l'indique, ce sont des croyances et elles ne reflètent donc pas forcément la réalité. Pourtant nous y croyons fortement et cela nous bloque au quotidien dans la réussite de nos rêves.

Ce qu'il faut comprendre c'est que ces croyances sont des propos, émis à un moment donné par une personne et qui sont issus de sa propre interprétation. Donc, non seulement ce ne sont que des interprétations personnelles, mais en plus des années se sont écoulées depuis et tu as eu le temps de changer. Ce que tu n'étais pas capable de faire il y a quelques années, voire quelques mois, tu le peux peut-être aujourd'hui. Les croyances que l'on a bâties durant notre enfance ont une très grande probabilité de n'être plus vraies à l'heure actuelle. Il est donc temps de t'en libérer pour en adopter d'autres plus constructives.

Pour supprimer ces croyances limitantes, je te propose de t'installer quelques instants devant une feuille blanche, de prendre un stylo et d'y inscrire toutes tes croyances limitantes. Inscris-y toutes ces choses que tu penses ne pas être capable de réaliser, toutes les choses pour lesquelles tu penses être nul. Puis, une fois que tu as cette liste, prends un élément et effectue-le. Peu importe si tu le fais bien ou non, l'important est simplement de le faire et d'affronter ta peur de ne pas y arriver. Tu te rendras compte alors que ce n'était pas si effrayant que ça et même que tu pourrais y parvenir avec un peu d'entraînement et quelques connaissances en plus. Ensuite, prends une autre croyance et, de même, mets-la à l'épreuve.

Je suis conscient que cet exercice est vraiment compliqué à mettre en pratique, mais c'est le plus efficace. Comme pour combattre tes peurs, la solution pour détruire tes croyances profondément ancrées est de réaliser qu'elles ne sont pas vraies. Tu n'as rien à perdre à essayer, si ce n'est te libérer de ces croyances qui t'empêchent de vivre ta vie et de connaître une grande évolution.

Seulement, toute évolution majeure amène à une période de questionnements un peu compliquée, bien que positive. « J'ai l'impression parfois que ce n'est pas moi », « J'ai l'impression de prendre la place de quelqu'un d'autre », « Finalement, je ne sais pas qui je suis », « Peut-être que je ne suis pas à ma place », toutes ces pensées surviennent généralement après un changement majeur. C'est ce que l'on appelle communément le syndrome de l'imposteur. Même si beaucoup de personnes le conçoivent comme négatif, sache que c'est loin d'être le cas et qu'au contraire c'est même la preuve de ton évolution.

Le syndrome de l'imposteur, ce n'est ni plus ni moins que la remise en question de qui l'on est et de ce que l'on fait. Tu étais quelqu'un, avec une image bien définie que tu connaissais et puis tu as évolué, tu as changé tes pensées et tes actions et aujourd'hui qui tu es n'est plus en accord avec cette image de ton toi d'avant. C'est de cette confrontation, entre cette ancienne croyance de qui tu es et la nouvelle, que découle le syndrome de l'imposteur. Prenons un exemple pour éclairer mon propos. Imaginons que tu aies toujours été quelqu'un de timide et de peu confiant. Ainsi, tu te définissais comme quelqu'un de réservé et de peu sociable. Cette image t'était familière, c'était toi. Puis, tu as connu un changement majeur dans ta vie et très rapidement tu as pris confiance en toi et tu es devenu très sociable. Tu vas alors avoir tendance à te sentir perdu, à te demander : « Suis-je confiant ou non ? », « Suis-je timide ou non ? », « Aller parler à des inconnus, ce n'est pas moi, ça ne me ressemble pas », etc.

Ainsi, comme tu l'auras compris, le syndrome de l'imposteur signifie que tu t'identifies encore à l'ancienne image de toi, mais que tu en incarnes une nouvelle. Il est donc temps de t'en défaire en prenant conscience que qui tu es aujourd'hui n'a rien à voir avec qui tu étais auparavant. Oui, pendant des années tu as été timide, mais ça, c'était avant. Aujourd'hui, tu ne l'es plus, cette image de personne timide ne te correspond plus et c'est tant mieux ! Tu peux t'en réjouir. Tu es loin d'être un imposteur, tu es juste un nouveau toi et si tu veux que ce changement que tu expérimentes soit durable, il te faut changer cette image de toi à laquelle tu t'identifies.

Par conséquent, nous sommes tous uniques et nous avons tous des choses à dire et à apporter aux autres de ce monde. À quoi bon se comparer, se sentir coupable du passé, rechercher la perfection, être timide ou encore jouer un rôle, si ce n'est pour créer notre propre souffrance ? Fais le choix d'accepter ce qui est et de changer ce que tu peux changer.

N'es-tu pas fatigué de continuellement te critiquer, te rabaisser, te dénigrer ? N'es-tu pas fatigué de te mentir et de te rejeter ? Et si, pour une fois, tu lâchais prise et tu laissais la vie t'emmener là où tu dois être ? Non, ce n'est pas baisser les bras, ce n'est pas abandonner, c'est savoir être sage. Nous avons tous nos forces et nos faiblesses et notre devoir n'est pas de rejeter nos défauts, mais bien de les embrasser dans leur totalité pour pouvoir mieux travailler dessus et évoluer dans la direction souhaitée. Notre devoir est de nous aimer tels que nous sommes en cet instant tout en cherchant à devenir la meilleure version de nous-mêmes.

Fais le choix de l'amour, fais le choix de t'aimer et de devenir ton propre allié. Aujourd'hui, en cet instant, débute ta relation avec toi-même.

RELATION AVEC LES PROCHES
AIMER

« Exprimer ses sentiments ce n'est pas être faible, c'est avoir la force de s'exposer aux autres pour des relations profondes. »

Si je te demande : « Aimes-tu ton partenaire, aimes-tu tes amis ou encore aimes-tu ta famille ? », que répondrais-tu ? Probablement oui. Maintenant si je te demande : « Aimes-tu ton partenaire, tes amis et ta famille d'un amour inconditionnel et pur ? », que me répondrais-tu ? Telle est la question.

À l'heure actuelle, peu de gens savent réellement aimer. Ils sont attachés. Tu te demandes sûrement ce que j'entends par « aimer d'un amour pur et inconditionnel » et pour répondre à cette interrogation, je vais utiliser la métaphore de l'amour d'un chien. Ceux qui ont un chien comprendront davantage mon propos.

Quand une personne rentre chez elle le soir, que fait son chien ? Il vient lui faire la fête et lui montrer son affection. Peu importe que la personne râle, qu'elle soit triste, en colère, ou bien joyeuse et heureuse. En fait, peu importe l'état émotionnel de la personne et l'énergie qu'elle dégage, le chien ira la voir et manifestera sa joie de la retrouver.

De même, un chien n'est pas rancunier. Tu peux le disputer pour une bêtise qu'il a faite, voire pour aucune raison, très rapidement il reviendra vers toi pour te montrer son affection. C'est cela, l'amour pur et inconditionnel. Alors, je te repose la question : aimes-tu ton partenaire, tes amis, ta famille d'un amour inconditionnel et pur ? Es-tu capable de leur pardonner toutes leurs fautes ? Leur montres-tu ta joie de les avoir auprès de toi en chaque instant ? Parviens-tu à passer outre leur état émotionnel et à apprécier leur compagnie en toutes circonstances ? Je pense que la réponse est maintenant quelque peu différente de la première et c'est normal.

Le problème aujourd'hui, c'est que nous sommes dans une société où tout change rapidement. Nous nous lassons vite. Nous achetons un tee-shirt et à peine quelques mois après il est déjà démodé. Nous achetons un téléphone et à peine quelques mois après il se retrouve déjà dépassé. Changer, renouveler, remplacer, c'est devenu notre norme. Or, ce fonctionnement déteint également sur notre manière de concevoir nos relations. Nous ne sommes même plus excités à l'idée de voir les personnes qui nous sont chères, car nous sommes sans cesse « connectés » avec elles. Les avoir dans notre entourage nous semble normal, acquis, habituel.

Ce que je souhaite ici, c'est simplement t'amener à un questionnement sur tes relations. Et si, dès que tu voyais une personne qui t'est chère, tu lui exprimais ta joie de la voir ? Et si tu cessais de te fâcher avec les personnes qui te sont chères pour des choses sans importance ? Et si tu apprenais à pardonner ? Tes relations ne s'en trouveraient-elles pas plus riches ? Plus saines ? Plus stables ?

Ne sois pas gêné de montrer tes sentiments, bien au contraire. C'est en étant vulnérable et authentique que tu créeras de réels liens avec les personnes. Exprimer ses sentiments ce n'est pas être faible, c'est avoir la force de s'exposer aux autres pour bâtir des relations profondes.

RELATIONS FAMILIALES

« On ne choisit pas sa famille,
mais en revanche, on choisit sa destinée. »

Les relations familiales sont quelque peu spécifiques parce qu'elles ne sont pas choisies. Nous ne choisissons pas nos parents, nous ne choisissons pas nos frères et sœurs et pourtant ce sont les premières personnes qui partagent notre vie, d'où ce lien si fort que l'on crée avec eux. Voyons donc quelques conseils pour vivre au mieux ces relations.

Avant toute chose, j'aimerais insister sur un point primordial. Si ta situation familiale est invivable pour toi, que tu es victime par exemple de violences physiques ou psychologiques, n'attends plus pour partir. Les liens du sang ne sont qu'un concept inventé par les hommes. Tu n'as pas le même sang que tes parents, tu as un sang qui t'est propre. Certes, cette expression est symbolique, mais pourquoi rester entouré de personnes qui te font du mal ? Ne te sens jamais obligé de garder contact avec des personnes, peu importe la raison. Et d'autant plus quand celles-ci t'empêchent d'avancer et d'évoluer. C'est ta vie, tu es libre de te détacher de ces personnes néfastes et d'aller construire ta vie entouré d'autres personnes.

Si ce cas ne te concerne pas, voyons comment tu peux développer des relations saines avec chacun des membres de ta famille. Tout d'abord, commence par accepter chacun tel qu'il est. Les personnes ne changeront pas pour toi, et heureusement, c'est donc à toi de lâcher prise et de les accepter dans leur entièreté. Oui, tes parents ne sont pas parfaits. Ils ont des qualités et des défauts comme chacun, et même s'il leur est arrivé de prendre de mauvaises décisions, selon toi, tout ce qu'ils ont fait, ils l'ont fait avec bienveillance et dans l'intention de te protéger. Je sais que parfois ils peuvent paraître injustes, étouffants, voire quelque peu tyranniques, mais s'ils ont agi pour ton bien-être et dans l'intention de te rendre heureux, cela vaut la peine de leur pardonner. Nous faisons tous des erreurs et tu n'as sûrement pas été un enfant parfait non plus, alors je pense qu'il est temps de leur pardonner et d'être plutôt dans la gratitude pour tout ce qu'ils t'ont apporté.

En fait, il faut savoir qu'aimer c'est être en union avec une personne et par là même diminuer au maximum la distance entre cette personne et soi. Ainsi, dans la continuité, ne pas aimer c'est expérimenter une distance entre une personne et soi-même, et bien souvent cette distance se crée dans la différence. Donc, si tu n'aimes pas une personne en particulier dans ta famille, c'est probablement que tu te sens très différent de celle-ci. Un moyen pour te rapprocher d'elle, exprimer davantage de compassion et atténuer les différends, c'est de chercher des ressemblances entre elle et toi.

Sans même te connaître, ni connaître la personne, je peux te donner un élément qui vous rapproche : vous recherchez le bonheur. Ainsi, peut-être que tu n'aimes pas son comportement, ses idées, sa manière de parler ou d'agir, mais peu importe qui elle est et ce qu'elle fait, elle recherche, comme toi, le bonheur. Prends-en simplement conscience. Il est inutile de lui en vouloir d'être qui elle est. D'autant plus que, si certains comportements de cette personne t'énervent particulièrement, c'est probablement que, dans une certaine mesure, tu les retrouves chez toi. Je te laisse méditer sur ce point.

Dans tous les cas, peu importe ta situation familiale, elle ne sera jamais une excuse pour justifier ta position. Là où tu es aujourd'hui ne dépend que de toi. C'est ta responsabilité. J'ai trop souvent entendu des personnes se plaindre de leur vie et justifier cela par leur environnement familial, mais ce ne sont que des excuses.

Des scénarios familiaux pires que le tien, il y en a plein. Oui, ce que tu vis est peut-être compliqué et difficile, je ne nie pas cela, seulement, avoir une situation familiale compliquée n'a pas empêché d'autres personnes de réussir sur tous les plans de leur vie. Alors pourquoi cela t'en empêcherait-il ? Deux choix s'offrent à toi : soit tu te sers de ta situation familiale comme excuse pour justifier ta vie, soit tu t'en sers pour évoluer et devenir la meilleure version de toi-même. À toi de faire ton choix. Mais si tu veux avancer, tu ne peux pas donner la responsabilité de qui tu es à quelqu'un d'autre qu'à toi-même.

Par conséquent, s'il est vrai que tu ne choisis pas ta famille, en revanche tu décides de ta vie. C'est ton choix de rester entouré ou non de ta famille, tout comme c'est ton choix de l'utiliser comme excuse pour justifier tes échecs ou bien de la concevoir comme une force pour évoluer. Inutile de te comparer aux autres et d'être jaloux de leur situation familiale sans problèmes. Chacun a ses propres problématiques et si la vie t'a placé dans cette famille, c'est qu'il y avait une raison spécifique à cela. Tu es plus fort que tu ne le penses et je sais que tu parviendras soit à te libérer de ces personnes, soit à améliorer tes relations avec eux.

⁂

J'aimerais maintenant m'adresser à tous mes lecteurs qui sont parents. Si c'est ton cas, j'ai un message à te faire passer. Je sais que tu aimes tes enfants et que les actions que tu entreprends à leur égard sont bienveillantes et partent d'une bonne intention, mais sache que certains comportements peuvent leur nuire lorsqu'ils grandissent. C'est pourquoi j'aimerais te citer quelques erreurs importantes à éviter.

La première est de transmettre une information incomplète à ton enfant en le faisant se sentir spécial. Quand tu montres à ton enfant qu'il est spécial en lui donnant tout ce qu'il veut sans qu'il ait au préalable fourni d'efforts, tu lui transmets le message qu'il peut avoir tout ce dont il a envie juste parce qu'il est lui. Le problème arrive alors quand cet enfant grandit, devient un adulte et entre dans le monde du travail, où le fonctionnement est quelque peu différent. Là, on se moque de qui il est, et même des efforts qu'il fournit, seul le résultat compte. Ce décalage le plonge alors dans une incompréhension totale et l'amène à douter de lui et à manquer de confiance en lui. Il n'y a pas de mal à montrer à ton enfant qu'il est spécial, parce que c'est la vérité, nous sommes tous spéciaux, mais fais-lui comprendre qu'il peut avoir ce qu'il veut seulement à partir du moment où il fournit les efforts nécessaires. Cela l'aidera à sortir de cette logique de gratifications instantanées dans laquelle la société d'aujourd'hui nous plonge et lui évitera de perdre confiance en lui en entrant dans le monde du travail.

La seconde erreur dont je voulais te parler concerne l'éducation de ton enfant. J'ai trop souvent entendu des parents se plaindre que leur enfant ne les écoute pas et peut-être est-ce ton cas. Tu demandes à ton enfant de faire quelque chose, il ne le fait pas et tu perds patience. Les parents se retrouvent souvent démunis face au refus de leur enfant de les écouter. Ils se remettent alors en question, revoient leur éducation, leur façon de donner des ordres, etc., mais ils n'ont simplement pas compris la manière dont les enfants apprennent. Il faut savoir que les enfants, et même les adultes, apprennent par imitation. C'est ce qu'on appelle le modeling en PNL, c'est-à-dire qu'ils absorbent le comportement d'une personne. Combien d'enfants voyons-nous imiter leurs parents ?

Alors oui, ton enfant ne va pas t'écouter, en revanche il va t'imiter. Donc si tu veux qu'il lise, par exemple, parce que tu sais que cela lui serait plus bénéfique que de traîner devant la télévision, commence toi-même par lire.

C'est le principe même de l'éducation. Pour pouvoir enseigner, il faut avant tout apprendre. Donc, avant de demander quelque chose à ton enfant, commence par le faire toi-même. Tu ne peux pas lui demander quelque chose que toi-même tu ne veux pas faire. Cela paraît logique, pourtant ce n'est pas ce que la plupart des parents font. Si c'est ton cas, ce n'est pas grave. L'important est d'en prendre conscience pour mettre en place, par la suite, des actions concrètes. Si tu veux le mieux pour tes enfants, il faut d'abord que tu sois la meilleure version de toi-même afin qu'ils t'imitent.

Mon but ici n'est pas de te mettre la pression en te disant « ne fais pas ci », « ne fais pas ça ». Être parent n'est pas quelque chose de facile, je le conçois totalement, et nous faisons tous des erreurs, parce que nous ne sommes pas parfaits. Mais si je peux t'éviter de faire celles-ci, ce serait déjà une bonne chose. Tu peux prêter attention à toutes les erreurs à éviter et à tous les conseils qui sont prodigués pour être le meilleur parent possible, le plus important, à mon sens, reste et restera toujours l'amour que tu portes à ton enfant. Inutile de t'en vouloir parce que tu as commis une erreur dans son éducation, cela arrive à tous, et la parentalité parfaite n'existe pas.

L'important est de chercher à évoluer constamment vers la meilleure éducation possible sans se mettre la pression.

RELATIONS AMICALES

« Il y a sur cette planète Terre
plus de 7 milliards de personnes
et parmi elles, il y en a d'innombrables
qui t'aimeront réellement pour ce que tu es. »

On dit souvent que les amis sont la famille qu'on se choisit. Dès lors, nos amis devraient être des personnes qui nous correspondent vraiment et avec qui nous entretenons de belles relations. Pourtant, nombreuses sont les personnes qui ont des amis toxiques et peut-être est-ce ton cas. Si l'expression « amis toxiques » apparaît comme paradoxale, car par définition des amis ne devraient pas être toxiques, elle reflète pourtant de nombreuses relations amicales. Voyons donc comment tu peux te libérer de ces amis toxiques et nouer de nouvelles relations avec des personnes qui te correspondent vraiment.

Commençons par déterminer clairement les amis toxiques. Si je te demande « Quels sont tes amis toxiques ? », as-tu des visages qui te viennent en tête ? Tu sais, ces personnes qui te jugent, te critiquent et te rabaissent sans cesse. Ces personnes qui te font te sentir mal à l'aise, peu confiant et qui puisent toute ton énergie. Ne cherche pas à leur trouver d'excuses et note leur nom sur une feuille.

Ensuite, si je te demande « Quelles sont les personnes qui ne se réjouissent pas pour toi quand tu as une bonne nouvelle ? », d'autres visages te viennent-ils en tête ? Note-les également, ce sont aussi des amis toxiques, car un véritable ami se réjouira toujours de ton bonheur.

Enfin, si je te demande « As-tu, dans ton entourage, des personnes que tu aimes bien pour ce qu'elles t'apportent (connaissances, argent, attention, relations, etc.), mais qui te sont néfastes ? », as-tu encore d'autres visages qui te viennent en tête ? Note-les également, car peu importe ce qu'une personne t'apporte sur le plan matériel et mental, si tu ne te sens pas bien en sa compagnie, tu n'as pas à rester à ses côtés.

Personnellement, j'avais un « ami » comme ça et j'ai eu beaucoup de mal à m'en séparer. Il m'apportait énormément de connaissances et grâce à lui j'évoluais rapidement. Seulement, en sa compagnie je me sentais vidé et mal à l'aise. J'ai hésité à me séparer de lui, à cause de ces connaissances qu'il m'apportait, puis j'ai compris que ce que je ressentais et expérimentais devait être ma priorité. Alors, j'ai pris mes distances.

En fait, si tu prends du recul et que tu analyses tes relations amicales toxiques, tu te rendras compte que tu restes entouré de ces personnes non pas par amour, mais plutôt par peur. Peur de la nouveauté. Peur de sortir de ta zone de confort. Peur de te retrouver seul. Ainsi, il t'apparaît comme plus avantageux de rester entouré de ces personnes toxiques qui te rabaissent et te critiquent, plutôt que d'affronter tes peurs. Il s'agit là d'inverser la balance.

Prends conscience qu'être seul, ce n'est pas négatif, bien au contraire et pour cela je te renvoie au chapitre sur la solitude, tandis que rester entouré d'amis toxiques c'est mettre en jeu non seulement tes autres relations, mais en plus ton propre bien-être. De même, je te renvoie au chapitre sur les personnes toxiques. J'espère sincèrement qu'à la lecture de ces deux chapitres, tu réaliseras qu'il y a plus d'avantages à être seul que mal entouré.

La question que tu dois sûrement te poser maintenant est : que faire face à ce type de personnes ? Et la réponse, tu la connais déjà : prends tes distances. Je sais que tu n'as pas envie de lire cela. Je suis conscient que c'est difficile et c'est d'ailleurs pour cette raison que tu ne l'as toujours pas fait. Tu sais, je suis passé par là aussi. À une époque, j'étais entouré d'énormément d'amis, et j'avais, avec la plupart d'entre eux, des relations superficielles voire toxiques. Donc, je comprends totalement cette peur de te retrouver seul, de ne pas rencontrer d'autres amis et de quitter tout ce que tu connais. Mais il en va de ton bonheur, même plus, il en va de ta vie.

Rester entouré de ces amis toxiques c'est dire au revoir à tous tes rêves, est-ce réellement ce que tu souhaites ? Il y a sur cette planète Terre plus de 7 milliards de personnes et parmi elles, il y en a d'innombrables qui t'aimeront réellement pour ce que tu es. Alors c'est certain que tu rencontreras de nouvelles personnes, c'est certain que tu noueras de belles amitiés, seulement cela te demande aujourd'hui de créer de l'espace en te séparant de ces amis toxiques. Rester entouré de personnes néfastes ou bien s'en séparer pour rencontrer des personnes extraordinaires, le choix est rapide. Ne perds plus ton temps et ton énergie avec des personnes qui n'en valent pas la peine.

La décision est entre tes mains. Si j'ai pu le faire, tu le peux aussi, je te l'assure. Et alors ta vie se métamorphosera, car elle est grandement influencée par ton entourage. Qui tu côtoies influence qui tu es.

Alors, qui as-tu envie de devenir ?

LES RENCONTRES AMOUREUSES

« Aie confiance en la vie,
elle mettra les bonnes personnes
sur ton chemin au bon moment. »

Les relations amoureuses se différencient des relations amicales et familiales parce qu'elles sont plus intimes. Notre partenaire est la personne qui nous connaît le mieux, autant mentalement que physiquement, et avec laquelle nous partageons le plus de choses. J'aimerais aborder dans ce chapitre un premier aspect des relations amoureuses : la rencontre. Mais avant toute chose, je tenais à te rappeler un point essentiel : en matière de couple, il n'y a aucune règle. Tout dépend de ton ressenti, de tes besoins, de tes valeurs et de celles de ton partenaire. Aucune obligation, aucun interdit, aucune norme, seulement deux êtres intimement proches qui s'écoutent.

Nombreuses sont les personnes célibataires qui aiment rêver et imaginer un partenaire idéal. Il aurait tel physique, tel comportement, telle personnalité, etc. De même, elles imaginent une relation idéale. Face à cela, tu dois te poser une question qui me semble importante : cette idée de partenaire et de couple idéaux vient-elle de toi ou de l'extérieur ? Telle est la question.

De plus, je ne pense pas qu'il faille s'attarder sur ces idéaux, car tu n'en as pas le contrôle. Comme tu le sais déjà sûrement, ça ne se passe jamais comme prévu. Il serait vraiment dommage de rencontrer quelqu'un qui te corresponde, mais de ne pas investir la relation simplement parce qu'il ne correspond pas à tes critères prédéfinis. Donc, je te conseille fortement d'oublier ces idéaux et de simplement concevoir la personne idéale comme étant celle qui va t'aider à évoluer chaque jour pour que tu deviennes la meilleure version de toi-même. C'est cela, à mon sens, la personne idéale. Si tu souhaites absolument que ton partenaire ait une apparence physique déterminée, une personnalité spécifique, etc., alors ce n'est pas de l'amour, mais bien de la possession, du contrôle et de la domination. Bref, ce n'est pas une bonne base pour débuter une relation saine.

Ensuite, il y a un point extrêmement important sur lequel j'aimerais m'attarder : avant de te mettre en couple, il faut te sentir bien avec toi-même. Il faut te sentir complet et heureux. Deux raisons à cela. La première c'est que tu ne peux aimer sincèrement et profondément une personne si tu ne t'aimes pas avant. Tu ne peux bâtir une relation saine et profonde si tu n'es pas prêt à recevoir l'amour de l'autre. Il est vraiment important que tu profites de ton célibat pour apprendre à te connaître davantage, pour t'accepter et t'aimer pleinement. Beaucoup trop de personnes recherchent désespérément un partenaire parce qu'elles se sentent seules. Le problème à cela c'est que, plus tard, elles se rendent compte que ce sentiment de solitude qu'elles cherchaient à combler est toujours présent et alors, elles mettent fin à la relation qui ne leur apporte pas ce qu'elles attendaient. Si tu ne te sens pas complet avant de rencontrer quelqu'un, tu risques fortement de tomber dans la dépendance affective et alors tu n'aimeras pas la personne pour qui elle est, mais plutôt pour ce qu'elle t'apporte. Or, cela créera des problèmes au sein de ta relation, comme nous l'avons évoqué dans le chapitre sur la dépendance.

La deuxième raison pour laquelle il faut te sentir complet et heureux avant d'entamer une relation, c'est tout simplement parce que tu dégageras une tout autre énergie. Plus tu feras en sorte de te sentir bien intérieurement, plus tu dégageras une énergie plaisante et tu attireras à toi des personnes qui te correspondront vraiment. Tu ne seras donc plus dans « la recherche d'un partenaire », car tu te sentiras complet et heureux seul. Une relation saine ce n'est pas deux moitiés qui se trouvent et ne forment qu'un. Non, c'est deux personnes entières et complètes qui décident de partager un moment de leur existence.

Ainsi, puisque tu n'es plus dans la recherche pressante d'un partenaire, cesse de vouloir absolument être attirant physiquement. Ne change pas ton image, ne joue pas un rôle, ne te cache pas. Autrement, cela voudrait dire que tu cherches un partenaire qui va t'aimer pour ton physique et non pour qui tu es réellement. Est-ce ce que tu veux ? Je ne pense pas. Une relation doit se bâtir sur l'honnêteté et l'authenticité. D'autant plus que ce qui attire les personnes à toi, ce n'est pas ton physique, mais bien l'énergie que tu dégages. C'est ta posture, ta manière de marcher, de te comporter, de parler qui vont attirer, non pas tes vêtements et ta coiffure. Alors, certes tu peux te mettre en valeur, t'habiller d'une certaine manière, te maquiller, etc., je ne dis pas de ne pas le faire, mais seulement que la priorité, selon moi, serait plutôt de te sentir bien intérieurement et de dégager une belle énergie.

Ensuite, pour rencontrer des personnes qui te correspondent vraiment, le mieux est de te rendre dans les lieux que le genre de personnes que tu souhaites rencontrer fréquentent. Par exemple, aller en boîte de nuit pour rencontrer quelqu'un qui a un mode de vie sain, qui médite et voyage n'est pas forcément la meilleure option.

Peut-être que tu te demandes alors comment savoir si cette personne que tu vas rencontrer, ou que tu as rencontrée, est la bonne personne. Je pense que tu n'as pas besoin de moi pour le savoir. Il te suffit de faire confiance à ton ressenti et à ton instinct. Néanmoins, si cela peut te guider et te rassurer, j'ai quelques pistes qui pourront t'indiquer si cette personne est faite pour toi ou non.

D'abord, il y a une question de valeurs et de vision de la vie. Il est fortement recommandé que la personne avec qui tu vas entamer une relation amoureuse partage tes valeurs et respecte la même vision de l'avenir que toi. Parce que si ce n'est pas le cas, l'un de vous deux, voire tous les deux, risque d'expérimenter un mal-être. Pour te donner un exemple, s'il est vraiment important pour toi, voire nécessaire, que tu vives à la campagne, loin de l'agitation de la ville et que la personne que tu rencontres ne se voit pas vivre ailleurs qu'en ville, il risque d'y avoir des problèmes. De même, avec l'envie, ou non, d'avoir un enfant. Si l'un de vous deux souhaite avoir un enfant et pas l'autre, cela risque de poser des problèmes. Il y a des choses sur lesquelles on peut faire des concessions et d'autres sur lesquelles on ne peut pas. D'autant plus qu'avoir les mêmes valeurs et la même vision de la vie vous amènera à partager beaucoup de choses et à entrer dans des discussions passionnées.

Ensuite, il faut que tu puisses être authentique et toi-même en présence de la personne, sans aucune gêne. Par exemple, si vous pouvez vous regarder dans les yeux pendant quelques instants, sans parler et sans gêne, que quelque chose d'intense se passe rien qu'en plongeant dans le regard l'un de l'autre, c'est un signe plutôt encourageant. Tout comme le fait d'avoir l'impression de connaître l'autre personne depuis toujours alors que ce n'est pas le cas.

Enfin, je voulais partager avec toi ce dernier signe, un peu mystérieux, qui t'indique que la personne rencontrée est la bonne pour toi. Si, quand tu la regardes ou quand tu lui fais un câlin, vous inspirez et expirez en même temps, sans le faire exprès, alors c'est un très bon signe. Quelque chose de profond se passe qui ne peut être expliqué par le mental.

Si tu devais ne retenir qu'une seule chose de ces quelques lignes sur la rencontre, c'est qu'il te faut avant tout t'aimer toi. Ne sois plus dans cette recherche désespérée du partenaire idéal. Focalise-toi davantage sur toi, développe ta relation avec toi-même, fais en sorte de te sentir bien, heureux et complet, et alors tu rencontreras de belles personnes avec qui bâtir des relations saines et profondes. Aie confiance en la vie, elle mettra les bonnes personnes sur ton chemin au bon moment.

LE COUPLE

« Cesse de vouloir changer l'autre.
Laisse-le simplement être qui il est.
Laisse-lui son entière liberté. »

Si tu es en couple et que tu aimerais améliorer davantage ta relation avec ton partenaire, alors ce chapitre s'adresse à toi. Je sais combien créer et maintenir une relation amoureuse saine et stable peut sembler difficile, mais ce n'est pas chose impossible, d'autant plus si tu mets en pratique ces quelques conseils.

La première chose à ne jamais oublier dans un couple, c'est d'aimer la personne d'un amour pur et inconditionnel. C'est d'aimer ton partenaire pour qui il est, dans son entièreté. Oui, il a des défauts, oui, il n'est pas parfait, oui, il peut t'énerver, voire te blesser, mais n'est-ce pas ton cas également ? La bienveillance et le pardon me semblent être des qualités essentielles au sein d'un couple. Ainsi, cesse de vouloir le changer. Laisse-le simplement être qui il est. Laisse-lui son entière liberté.

De même, cesse de vouloir tout calculer pour tout rendre équitable. Un couple ce n'est pas 50 % chacun, mais bien 100 % chacun. Ainsi, donne tout ce que tu as à donner dans ta relation, sans compter, et fais confiance à ton partenaire pour qu'il fasse de même. S'il t'aime réellement, c'est ce qu'il fera et alors, crois-moi, votre relation passera à un niveau supérieur.

Ensuite, ne sois pas dans la retenue, mais au contraire, exprime-toi, sois vulnérable et authentique. Combien de personnes aiment réellement leur partenaire, mais ne le lui disent pas ? À quoi bon être en couple avec quelqu'un si c'est pour ne pas oser être toi-même et lui exprimer tes sentiments ?

Enfin, le dernier point que j'aimerais aborder à propos du couple est la communication. On entend souvent dire que la communication est centrale dans un couple, et même que c'est l'une des clés pour un couple durable. Seulement, qu'entend-on par communication ? À mon sens, communiquer au sein de son couple c'est non seulement être authentique et exprimer clairement ce qu'on ressent, mais aussi, et surtout, savoir comprendre l'autre. Un problème majeur que rencontrent les couples est que les partenaires ne se sentent pas aimés. Pourtant, si dans certaines situations c'est le cas, dans la plupart ils sont aimés, mais ne comprennent pas les messages d'amour de leur partenaire. Je m'explique.

Pour simplifier, nous avons trois moyens de nous sentir aimés et de montrer aux autres qu'on les aime : de manière orale par les compliments, les mots gentils, les « je t'aime » ; par le toucher, les câlins, les caresses, etc. ; et enfin par les actions, les services, les cadeaux. Parmi ces trois moyens, il y en a un qui nous touche plus que les autres et c'est donc celui que nous utilisons pour montrer aux autres notre amour.

Par exemple, si ce qui te fait te sentir aimé est surtout le fait de recevoir des cadeaux, tu vas avoir tendance à offrir de nombreux cadeaux à ton partenaire. Mais si ton partenaire se sent aimé surtout quand il reçoit des compliments, alors il ne se sentira pas aimé par toi, puisque tu lui offres des cadeaux et non des compliments. Lui aura tendance à te complimenter, ce qui ne te touche pas autant que de recevoir des cadeaux. Tu saisis le problème ? Face à cela, le mieux est alors que chacun prenne conscience de ce qui le fait se sentir aimé puis de le communiquer à l'autre. Ainsi, chacun répondra aux besoins de l'autre et se sentira aimé en retour. Ne pense pas que tout le monde est comme toi et que tu connais bien ton partenaire. Il y a des choses qui, si elles ne sont pas dites explicitement, ne peuvent être devinées.

Pour résumer, les clés d'un couple durable et sain sont la bienveillance et l'amour pur, ainsi que la communication et l'authenticité. Ces quatre piliers se retrouvent dans n'importe quelle relation, mais ils sont encore plus indispensables au sein d'une relation amoureuse.

LES PROBLÈMES DE COUPLE

« Si tu te demandes si tu dois poursuivre ou non ta relation avec ton partenaire, c'est probablement que tu dois y mettre un terme, car si tu l'aimais vraiment, ce doute ne serait pas présent. »

Abordons maintenant les problèmes que peuvent rencontrer certains couples et comment y faire face. Tous les couples passent par des phases où tout va bien et par d'autres où des problèmes émergent. Les désaccords sont normaux tant qu'ils restent respectueux. En revanche, certains comportements nuisent au couple et il est bon d'en prendre conscience.

Un premier comportement nocif au couple est le fait d'être jaloux. J'aime comparer la jalousie à une sorte de virus, de parasite qui est le seul gagnant. Car être jaloux c'est non seulement se faire souffrir soi-même, mais c'est aussi faire souffrir l'autre en l'enfermant. Être jaloux, c'est surtout mettre son couple en péril, car un oiseau enfermé n'a qu'une envie : s'envoler. Prends conscience qu'il n'y a que du négatif dans la jalousie et que cela ne sert strictement à rien. Si tu as peur que ton partenaire te trompe, par exemple, ce n'est pas en l'enfermant et en le contrôlant que tu vas l'en empêcher, bien au contraire.

La jalousie provient essentiellement de deux choses. La première est le besoin de contrôler l'autre. On veut contrôler ses sentiments et comme cela nous est impossible, alors on contrôle chacune de ses actions. La seconde est le manque de confiance en soi qui nous amène à penser que nous ne méritons pas notre partenaire et qu'il pourrait rencontrer quelqu'un de mieux.

Face à cela, les solutions pour te libérer de ce sentiment destructeur apparaissent d'elles-mêmes. La première est de lâcher prise sur le contrôle que tu essaies d'avoir sur ton partenaire. Tu ne peux pas contrôler une personne et ton partenaire ne t'appartient pas. Alors, fais-lui simplement confiance et si tu n'y parviens pas, le mieux reste de mettre un terme à la relation. Car une relation sans confiance ne peut pas être durable. La seconde solution, si ta jalousie provient d'un manque de confiance en toi, est de développer ta confiance pour prendre conscience de ta valeur et arrêter de te dévaloriser. Ainsi, tu te libéreras de la peur que ton partenaire trouve quelqu'un de mieux que toi et par là même de ta jalousie.

Si jamais tu apprends que ton partenaire t'a trompé, épreuve difficile à surmonter, c'est soit parce que ses sentiments de base n'étaient pas aussi forts que les tiens et donc il vaut mieux, pour ton bien, le savoir dès maintenant, soit parce que ses sentiments ont changé avec le temps et cela tu peux le concevoir, car toi-même tu changes et évolues. Quoi qu'il en soit, être jaloux ne servira à rien, mis à part te causer davantage de souffrances.

Ensuite, nous avons déjà abordé les amis toxiques, mais un conjoint peut également l'être, amenant à de la violence émotionnelle. Si tu te rends compte que ton conjoint te violente psychologiquement de manière consciente, alors pars le plus loin et le plus vite possible. Par respect pour toi, pour ton bien-être, pour ta santé mentale et physique, mets de la distance entre ton partenaire et toi. C'est vraiment important.

En revanche si cela est inconscient, la situation est plus délicate, car ses comportements sont probablement dus à des souffrances et des blessures venues de l'enfance et qui n'ont pas été résolues. Dès lors, tu ne peux pas vraiment lui en vouloir. Cependant, cela ne signifie pas qu'il faut rester dans cette situation.

Si c'est toi-même que tu reconnais comme étant toxique dans ton couple, je tiens à te féliciter, car prendre conscience de cela n'est pas facile. Tu seras sûrement passé par de nombreuses pensées t'excusant ou niant pour te protéger. De la même manière, si cela est inconscient, ce que j'espère, pas besoin de te juger ou de culpabiliser pour cela. Accepte-le et fais en sorte de changer la situation rapidement.

Quels sont les signes qui témoignent de violence émotionnelle au sein d'un couple ? Les premiers signes sont l'humiliation, les propos rabaissants, les critiques et les jugements constants. Si tu te sens mal en présence de ton partenaire, que ta confiance en toi et ton estime de toi chutent, c'est qu'il y a un problème. De même, si tu dois demander l'autorisation pour faire quelque chose, comme pour sortir, prendre une décision, ou encore si ton partenaire t'infantilise en contrôlant tout ce que tu fais, cela s'apparente également à de la violence émotionnelle. Enfin, s'il rejette toute la responsabilité sur toi, si c'est « toujours de ta faute », ou encore qu'il te menace de partir à la suite d'une erreur de ta part, alors là aussi il y a un problème dans ton couple.

Comme mentionné au chapitre sur les personnes toxiques, tu peux tenter de changer ton partenaire, lui parler de ton ressenti et lui montrer la voie vers l'évolution. Mais là aussi, rien n'est garanti. Tu ne peux contrôler ton partenaire et s'il ne souhaite pas changer, il te faudra prendre une décision : rester à ses côtés et sacrifier ton bonheur ou bien partir pour vivre une vie heureuse et épanouissante.

Enfin, il y a ces signes qui peuvent te guider pour t'indiquer que ton couple ne fonctionne plus, à savoir si ton partenaire ne te soutient pas dans tes projets et qu'au contraire il te reproche d'entreprendre des choses sans lui, ou encore si tu n'arrives pas à imaginer ton avenir avec lui. Mais je n'ai pas envie de m'attarder sur ce point, car tu connais la réponse au fond de toi. Aie confiance en ce que tu ressens. Si tu te demandes si tu dois poursuivre ou non ta relation avec ton partenaire, c'est que tu dois y mettre un terme, car si tu l'aimais vraiment, ce doute ne serait pas présent. Tu ne peux pas expérimenter en même temps l'amour et le doute.

Oui, c'est difficile de quitter son partenaire, parce qu'on y est attaché et que cela bouleverse tout notre quotidien. Oui, c'est délicat, inconfortable et cela nous peine de faire souffrir l'autre. Je le sais. Tu peux trouver une multitude d'excuses pour ne pas affronter cette difficulté, mais ce n'est qu'en créant de l'espace autour de toi que tu pourras rencontrer quelqu'un avec qui construire une relation saine et épanouie. Tout ne dépend que de toi.

Par conséquent, les relations amoureuses sont des relations très intimes, très fortes en connexions et donc très importantes dans notre quotidien. Par là même, elles peuvent être une grande source de souffrance et il est dommage, à mon sens, de ressentir de la souffrance là où l'on devrait ressentir de l'amour. D'expérimenter quelque chose de désagréable là où l'on devrait expérimenter quelque chose de formidable.

Aussi, que ce soit les relations familiales, amicales ou bien amoureuses, elles peuvent être tout aussi épanouissantes que destructrices. Parce que tu investis du temps et de l'énergie, voire de l'argent, tu te dois de faire attention aux personnes qui composent ton entourage car celui-ci a un réel impact sur ton bien-être mais également sur ta réussite.

COMMENT SURMONTER LA TRAHISON ?

« Ta vie n'est pas déterminée par une personne mais par tes pensées. »

La trahison, qu'elle provienne d'un ami, d'un membre de ta famille ou bien de ton partenaire, amène à une grande souffrance, car elle touche à ta personne et remet en cause la confiance que tu as donnée. Tu vas alors avoir tendance à te dévaloriser et à te rabaisser. La trahison n'est pas quelque chose que tu veux accepter, loin de là. Tu ne veux pas tourner la page et lâcher prise. Non, tu veux être en colère, tu veux montrer ton mécontentement et même parfois te venger.

Je sais que ton ego te dira de ne pas pardonner, de ne pas accepter, mais dans la plupart des situations, ton ego n'a pas raison. En fait, prends conscience que si tu n'arrives pas à accepter et à lâcher prise, cela signifie que la personne qui t'a trahi a encore du pouvoir sur toi, est-ce ce que tu souhaites ? Veux-tu vraiment continuer à souffrir pour cette personne ? Le mérite-t-elle ? Je ne pense pas. Oui, tu lui en veux et c'est normal, mais ce n'est pas la solution. Être en colère, triste et déçu ne t'aidera pas à aller mieux.

Tu ne peux contrôler les actions des autres, et par là même tu ne peux contrôler le fait que cette personne n'a pensé qu'à elle, à tes dépens, et qu'elle t'a fait souffrir. Non seulement tu n'aurais pas pu l'éviter, mais en plus cela est passé. Tu n'as donc aucun contrôle sur cet événement. En revanche, tu as le contrôle sur ta manière de réagir. Et quelle est la meilleure manière de réagir face à un élément sur lequel tu n'as aucun contrôle ? Lâcher prise. Non, lâcher prise ce n'est pas échouer, abandonner ou se montrer faible, bien au contraire. Accepter et lâcher prise c'est décider de pardonner. C'est prendre consciemment la décision de ne plus souffrir à cause de cette personne. Cela demande bien plus de courage et de force mentale que de rester en colère.

Pour t'aider à accepter et à lâcher prise, je te conseille de te promener, en pleine nature si possible, et de rechercher cet espace extérieur afin de créer un espace intérieur. Si tu souffres, en ce moment, de la trahison de quelqu'un à ton égard, c'est que tu repenses sans cesse à cet événement passé. Le mieux reste alors de te reconnecter à l'instant présent. Pour cela, commence par respirer. Inspire profondément, expire profondément. Observe tout ce qui t'entoure, les couleurs, les formes, et connecte-toi à tous tes sens. Qu'entends-tu ? Que sens-tu sur ta peau ? Quelle odeur te vient ? Oublie ton passé, oublie ton futur, sois juste là. Maintenant. Ici, en cet instant, tout se passe bien. Fais ce que tu aimes, dis ce que tu penses, exprime ce que tu ressens et tout ira bien.

N'oublie jamais que tu es le maître de ta vie et de tes pensées. Cette personne qui t'a trahi est responsable de ta souffrance sur le moment, mais plus après. Si tu souffres encore aujourd'hui c'est ta responsabilité, car c'est toi qui décides de continuer à y penser. Alors, qu'attends-tu pour te libérer de ce poids ? Qu'attends-tu pour accepter, pardonner et passer à autre chose de plus plaisant ? Telle est la question.

COMMENT ACCEPTER LA RUPTURE ?

« La seule pensée qui devrait traverser ton esprit est : "J'ai cette opportunité de me recréer." »

La rupture n'est pas quelque chose de plaisant, on est d'accord là-dessus. Tout comme la trahison, c'est un moment désagréable et difficile à surmonter. Or, c'est un moment presque inévitable. Par là même, il vaut mieux apprendre à gérer cette situation.

Généralement, quand on expérimente une rupture, on essaie de reconquérir la personne, entretenant ainsi l'espoir qu'elle va revenir. Puis, quand on comprend que cela n'est pas le cas, alors tristesse, colère, voire haine nous submergent. Mais pourquoi vouloir continuer une relation avec une personne qui ne veut plus de toi ? Crois-moi, il y a bien d'autres personnes sur cette Terre qui aimeraient vraiment être avec toi. Alors, ne perds pas ton temps et ton énergie avec quelqu'un qui ne veut plus de toi.

En fait, bien souvent nous assimilons la rupture à une trahison, car nous avions confiance en la personne pour bâtir un futur commun. Ainsi, les conseils vont être similaires : accepter la situation et lâcher prise. Si là, en cet instant, tu souffres de cette rupture, c'est parce que tu t'étais trop identifié à la personne qui est partie. Tu avais imaginé ton futur avec elle, et il n'y a rien de mal à cela, mais il faut aussi que tu parviennes à te projeter seul. C'est le moment de revenir à toi, de débuter des projets, de prendre du temps pour toi, pour t'aimer davantage et développer ta confiance en toi. Si cette personne a fait partie de ta vie, c'est parce qu'elle avait des choses à t'apprendre et, de même, si aujourd'hui elle en est sortie c'est pour une raison bien spécifique. Vois donc cette rupture comme une opportunité. L'opportunité d'être libre et d'avoir davantage de temps pour toi, pour évoluer, pour grandir, pour apprendre.

Ensuite, fais en sorte de tourner la page. Commence par te débarrasser de toutes les affaires de la personne afin d'aller de l'avant, de créer du renouveau et de l'espace. Puis, ouvre-toi à de nouvelles personnes, rends-toi dans de nouveaux lieux et modifie le plus possible ton environnement, d'autant plus si c'était une relation de longue durée. Parce que te retrouver entouré d'amis qui connaissaient ton ex-partenaire, dans un environnement où tu as beaucoup de souvenirs avec lui/elle, ne t'aidera pas à avancer. Vois cela comme un renouveau, un nouveau départ qui te donne l'opportunité d'être une meilleure version de toi-même.

Cela dit, ne cherche pas non plus à oublier cette personne et cette relation, comme trop de personnes tentent de le faire face à la douleur d'une rupture. Non seulement car cela est impossible, ce serait alors te mentir à toi-même, mais en plus parce que tu peux apprendre de cette relation. Celle-ci a fait de toi qui tu es aujourd'hui. Donc, quand tu te sens prêt, prends du recul et cherche à comprendre tes erreurs. Prends conscience que cette rupture n'est pas entièrement de la faute de ton ex-partenaire, mais bien de votre faute à tous les deux. Cherche à comprendre tes erreurs afin de ne pas les répéter dans tes futures relations. Transforme cette étape douloureuse en quelque chose de positif, qui t'apporte non seulement davantage de liberté, mais également de l'aide pour évoluer dans le but de bâtir de futures relations plus saines et durables.

Je ne te dis absolument pas de t'investir tout de suite dans une nouvelle relation, bien au contraire. Ne commets pas l'erreur, comme tant de personnes, de vouloir combler ta solitude et apaiser ta souffrance en te remettant avec quelqu'un d'autre, car cela ne réglerait pas le problème. Non, affronte cette peur de la solitude, apprends à la gérer, à t'aimer davantage, afin d'être complet et heureux. Pour cela, je te renvoie aux chapitres sur la solitude et sur les rencontres amoureuses. Ne cherche pas le bonheur en dehors de toi, car le bonheur se trouve en toi.

Par conséquent, au lieu d'être dans la colère et la souffrance, sois plutôt dans la reconnaissance des bons moments passés avec cette personne et de tout ce qu'elle a pu t'apporter. Puis, détache-toi du passé et ouvre-toi au futur. Un nouveau chapitre s'ouvre à toi, une nouvelle opportunité d'être et de faire ce que tu veux. Tu es libre !

Non, ce n'est pas triste, c'est la beauté de la vie. Tu vas pouvoir rencontrer de nouvelles personnes, expérimenter de nouvelles choses, afin d'évoluer toujours plus et d'apprendre à te connaître davantage. Cette rupture est une leçon, un apprentissage. Aie confiance en l'univers, car il sait ce qui est bon pour toi. Pour l'instant, tu ne vois peut-être que les aspects négatifs de cette rupture et la souffrance, mais si cela est arrivé, c'est qu'il devait en être ainsi. Tu comprendras plus tard pourquoi cette rupture était nécessaire dans ta vie.

COMMENT FAIRE FACE AU DEUIL ?

« Profite de ta vie, profite de cet instant-là,
parce que la vie est précieuse
et tu ne sais pas quand elle va s'arrêter. »

La mort. Que ce soit la nôtre ou bien celle de nos proches, la mort effraie, terrifie. Mystérieuse, inconnue, fin ou début selon les croyances, elle est taboue dans notre société. Parler de la mort ? Non, c'est trop triste, cela fait trop souffrir. Mais, à mon sens, si l'on y prêtait un peu plus attention, notre vie serait bien différente et bien plus épanouissante. En effet, si chaque matin, en te réveillant, tu prenais réellement conscience que tu te rapproches toujours un peu plus de ta mort et de celle des autres, te comporterais-tu de la même façon ? Perdrais-tu ton temps et ton énergie à faire quelque chose que tu n'aimes pas ? Perdrais-tu ton temps et ton énergie à être en colère, triste, déçu pour des détails ? Resterais-tu entouré de ces personnes toxiques ?

Je suis en train de mourir. Tu es en train de mourir. Cela nous rend humbles. Cela est la vie. Tout a un début et une fin. Arrête de te comporter comme si tu avais le temps, comme si tu étais immortel. Cela n'est pas le cas et ce n'est pas grave. L'important est de vivre la vie que tu souhaites, maintenant. Oui, je sais, tu es trop vieux, trop jeune, trop ceci, pas assez cela, tu as des enfants, tu as un crédit, tu as des obligations. Des excuses, tu peux en trouver autant que tu le veux. Tu sais, c'est ta vie, non la mienne. Ces excuses qui te viennent à l'esprit, c'est à toi que tu les sers, non à moi. C'est toi qui t'empêches de vivre la vie que tu mérites.

Être libre est ton droit de naissance. Prends-en juste conscience et commence enfin à agir avant qu'il ne soit trop tard. Il est temps maintenant de vivre la vie que tu souhaites. Il est temps maintenant de prendre des risques pour expérimenter la joie dans ton quotidien. J'ai failli mourir un jour, lors d'un vol en avion, et j'ai réalisé combien la vie est précieuse. Tu ne sais pas ce qui va se passer ni aujourd'hui ni demain, donc ne laisse rien ni personne t'empêcher de te sentir bien.

Je voulais simplement partager ce message : profite de ta vie, profite de cet instant-là, parce que la vie est précieuse et tu ne sais pas quand elle va s'arrêter.

Prendre conscience que l'on va mourir et l'accepter est une chose, mais accepter la mort d'un proche en est une autre. Expérimenter la mort d'un proche c'est quelque chose que personne ne veut vivre et pourtant, c'est quelque chose que nous expérimenterons tous à un moment donné, à part si l'on meurt jeune, ce que je ne te souhaite pas. Accepter la mort d'un proche a été très difficile pour moi pendant longtemps, jusqu'au jour où j'ai perdu l'une de mes grands-mères, ce qui m'a fait réaliser certaines choses sur la vie et le deuil que j'ai envie de partager ici en toute transparence et humilité.

En fait, face au décès d'un proche, tu peux soit être triste et pleurer, soit être reconnaissant de l'avoir connu et d'avoir partagé tous ces moments avec lui. Tu ne peux être à la fois triste et reconnaissant, il te faut donc choisir. C'est normal d'être triste, de ressentir un manque, je ne dis absolument pas le contraire. Mais si, au lieu de te focaliser sur le manque, tu cherchais à développer davantage de reconnaissance ?

Je te recommande de t'asseoir pendant un moment et de visualiser tous les bons moments passés avec cette personne partie. Ressens la gratitude, la reconnaissance, la joie d'avoir vécu ces moments. C'est un exercice très difficile, j'en suis conscient, mais cela t'aidera à accepter la situation. Cette personne t'aimait et je ne pense pas qu'elle aurait voulu te voir triste. Donc, relève-toi et souris à la vie. Comporte-toi de la manière dont cette personne aurait aimé que tu te comportes. Apprends d'elle et agis en accord avec ses valeurs. Je pense que c'est le plus bel hommage à lui rendre.

Prends conscience que ce que tu pleures, ce n'est pas la personne en elle-même, mais plutôt l'identification que tu avais avec cette personne. Ne fuis pas la situation, ne rejette pas tes émotions, ne cherche pas à oublier dans je ne sais quelles activités ou substances. Affronte. Accepte. Et libère-toi. Laisse-toi le temps. Chaque jour, essaie d'avancer un peu plus et si aujourd'hui tu n'y arrives pas, réessaie demain, puis après-demain et après-après-demain jusqu'à ce que tu y parviennes.

La mort n'est pas négative. Elle n'est pas positive non plus. La mort est neutre. Elle est, simplement. Nous n'avons aucun contrôle sur elle, que ce soit sur notre mort ou celle des autres. Rien ne sert d'y penser en étant terrorisé à l'idée de mourir ou bien de perdre un être proche, cela arrivera forcément à un moment donné. Rien ne sert non plus de la fuir et de se comporter comme si nous étions tous immortels. Acceptons. Elle fait partie de la vie, soyons donc humbles face à elle.

Si nous ne la contrôlons pas, en revanche nous contrôlons nos actions, nos pensées et qui nous sommes. La meilleure solution est donc de profiter de chaque instant, de nos proches et de notre vie. De remercier chaque jour de pouvoir expérimenter cette nouvelle journée, entouré de nos proches. De ne pas être dans le passé ni dans le futur, mais d'être là, simplement. De profiter.

Des ruptures, des trahisons, la mort de proches, tu en connaîtras. Cela fait partie de la vie. Non, tu ne t'y habitueras jamais. Oui, tu en souffriras toujours, mais là n'est pas la question. L'important est : pendant combien de temps en souffriras-tu ? L'important est d'apprendre à gérer ces situations extrêmement difficiles pour t'en sortir le plus rapidement possible afin de reprendre ta vie en main.

Nous sommes des êtres sociaux et par là même, nous avons besoin de créer des relations et des connexions avec les autres pour nous sentir pleinement heureux. Mais à trop vouloir nous tourner vers l'extérieur, à trop vouloir trouver notre bonheur dans les autres, nous nous oublions. Nous souhaitons connaître cette personne, nous souhaitons l'aimer, l'accepter telle qu'elle est, alors que nous ne nous connaissons même pas nous-mêmes. Comment peut-on aimer et accepter quelqu'un si nous ne nous aimons pas d'abord ? Comment peut-on prétendre connaître quelqu'un si nous ne nous connaissons pas au préalable ?

Certes, nous sommes des êtres sociaux, mais peu importe qui nous sommes, nous avons tous besoin de cette harmonie entre le temps passé seuls et le temps passé entourés des autres. Nous sommes tous à la fois introvertis et extravertis. Ce sont des besoins, les deux faces d'une même pièce.

Je le répète, encore et encore, mais il faut avant tout te sentir bien avec toi-même, trouver le bonheur seul, avant de t'investir dans des relations, que celles-ci soient amicales, familiales, ou bien amoureuses. C'est là que tu trouveras pleinement le bonheur, non pas dans des relations de dépendance, où s'incruste la jalousie.

Tout commence par toi. Aime-toi, aie confiance, accepte-toi et alors, tu pourras d'autant plus bâtir des relations enrichissantes et épanouissantes.

Sois vulnérable, sois toi-même, montre-toi tel que tu es. Dans une société où chacun joue un rôle, incarne qui tu es au plus profond de toi, et ce, peu importe les critiques, les jugements, les regards que l'on peut te lancer. Tu es la personne avec qui tu vas avoir la plus longue relation, il est temps de te faire passer en priorité et de développer cette relation pour qu'elle soit harmonieuse.

Oui, tu vas recevoir des critiques et des jugements. Oui, tu vas rencontrer des personnes toxiques et même t'y attacher. Oui, on va te trahir, te tromper, t'abandonner, te rejeter. C'est la vie. Ce sont des apprentissages qui, chaque fois, te feront évoluer, te rendront plus fort, et t'en apprendront un peu plus sur toi. Ce sont des opportunités de tourner une page du livre de ta vie afin de débuter un nouveau chapitre où de nouvelles leçons seront à découvrir et à apprendre. C'est le jeu de la vie. Dès lors, la question est : décides-tu de perdre ton temps, ton énergie et ton argent avec toutes ces personnes qui te sont néfastes ?

La vie est précieuse, prends-en conscience et honore chaque jour qui t'est donné en aimant sincèrement, en répandant ta lumière, en aidant, en profitant et en vivant, simplement.

DES HABITUDES POUR UN QUOTIDIEN QUI TE RESSEMBLE

« Les résultats que nous obtenons dans chaque domaine de notre vie correspondent à nos habitudes. »

Si tu prends du recul et que tu observes ton quotidien, tu te rendras compte que la vie suit des règles, des cycles. Par exemple, tout a un début et une fin, ou encore la seule chose permanente est le changement. De même, je pense sincèrement que nous avons tous une mission, un rôle à incarner que l'on nomme plus communément rêve. J'ai un rêve. Tu as un rêve. Et si aujourd'hui celui-ci n'est pas clair pour toi, il s'agit de continuer à le préciser toujours un peu plus. Ainsi, nous avons tous un rêve et si dans la dernière partie nous verrons longuement comment l'atteindre et le matérialiser, il y a un élément important à connaître avant : le pouvoir des habitudes.

Il faut savoir que notre vie est basée sur nos habitudes. Ainsi, les résultats que nous obtenons dans chaque domaine de notre vie correspondent à nos habitudes. Certes, les miennes vont être différentes des tiennes, mais nous mettons tous en place des habitudes. Commençons donc par définir ce qu'est une habitude.

Une habitude c'est tout simplement le fait d'effectuer les mêmes actions, de façon répétée, aux mêmes moments, sans y réfléchir. Par exemple, boire un café en se réveillant est une habitude, qui plus est partagée par de nombreuses personnes. De même, manger trois repas par jour, le matin, le midi et le soir, est également une habitude très répandue. En revanche, le fait que je médite absolument tous les matins est une de mes habitudes, mais pas forcément la tienne. Notre quotidien est donc construit de ces habitudes qui s'enchaînent durant nos journées et qui font que chaque jour se ressemble dans sa globalité. Or il existe deux types d'habitudes, celles qui sont productives et celles qui sont néfastes. Et selon celles que l'on a introduites dans notre quotidien, soit nous parvenons à réaliser nos rêves, soit nous échouons, voire nous ne tentons même pas. Les habitudes ont donc un réel pouvoir sur la qualité de notre vie. Pourtant, trop souvent nous minimisons leurs impacts, à tel point que nous ne les questionnons même plus. Par exemple, t'es-tu déjà demandé pourquoi tu manges le matin ? Est-ce réellement parce que tu as faim ou plutôt par habitude ?

Aussi, les habitudes ont le pouvoir de nous enfermer soit dans des cercles vicieux, soit dans des cercles vertueux. Il est donc nécessaire d'en prendre conscience pour faire en sorte d'établir un cercle vertueux qui t'amènera à matérialiser ta vie souhaitée. Si j'utilise ici le terme « enfermer » c'est parce qu'il est très difficile d'abandonner une habitude et, de même, il est très difficile d'en créer une autre. Le mieux est alors de remplacer une habitude néfaste par une habitude constructive, mais cela demande tout de même beaucoup de volonté et de détermination.

En fait, si les habitudes ont ce pouvoir de déterminer ta vie, c'est parce qu'elles règlent les détails de ta vie. Or c'est à partir des détails que les grandes choses se forment. Par exemple, on ne gravit pas une tour en un claquement de doigts, mais bien marche après marche. On ne construit pas une maison en une action, mais bien pierre après pierre. Et de même, on ne bâtit pas ses rêves en un effort, mais jour après jour en mettant en place des habitudes constructives. Donc, s'il te plaît, ne sous-estime pas le pouvoir des habitudes dans ton quotidien, ne sous-estime pas l'importance des détails. Peut-être que tu te diras qu'instaurer l'habitude de lire dix pages tous les matins ne servira à rien. Mais, si tu lis dix pages absolument tous les jours, cela signifie que tu auras lu 3 650 pages dans l'année, soit l'équivalent d'environ vingt livres de 200 pages. Est-ce ce que tu lis actuellement dans une année ? Je ne pense pas. Pour atteindre les objectifs qui te tiennent à cœur, c'est la régularité et la persévérance qui te le permettront. Or cela s'acquiert par les habitudes.

L'objectif de cette partie est donc que tu questionnes toutes tes habitudes quotidiennes et que tu prennes conscience de celles qui sont constructives et de celles qui ne le sont pas, afin d'éliminer celles qui sont néfastes et de développer celles qui sont positives, voire d'en introduire de nouvelles. Cela demandera beaucoup d'efforts, j'en suis conscient, mais c'est ce qui changera ta vie radicalement. Es-tu déterminé à matérialiser ta vie rêvée ?

Aussi, nous verrons toutes les habitudes qu'il serait bon d'introduire dans ton quotidien, que ce soit pour développer ta confiance en toi, augmenter ton énergie ou encore être davantage positif, et toutes celles que tu ferais mieux d'éliminer, celles qui t'enferment dans un mal-être constant. Nous terminerons également cette partie par un chapitre dédié aux addictions.

Je tiens à préciser que cette partie est dense et que nous allons voir beaucoup d'habitudes constructives à mettre en place et beaucoup d'habitudes néfastes à éliminer. Le but n'est pas de tout mettre en place à la suite de ta lecture, mais plutôt de tester, d'expérimenter et de voir celles qui te conviennent vraiment. Je suis là pour te donner un maximum de clés donc je te les indiquerai toutes, mais tu ne ferais que te rajouter de la pression si tu tentais de toutes les introduire dans ton quotidien en un temps très court. Je te conseille par là même d'être patient et bienveillant envers toi-même, car changer ses habitudes est complexe et il y aura sûrement des ratés. Ce n'est pas grave, recommence le lendemain, puis le surlendemain, encore et encore, jusqu'au jour où tu n'auras plus besoin de réfléchir pour effectuer ces actions.

N'oublie pas que le plus important est le processus d'évolution dans lequel tu te places et non le résultat.

LES BONNES HABITUDES LE MATIN

« Chaque petite action,
chaque petit accomplissement t'aide
à en accomplir de plus grands. »

Qui n'a pas déjà entendu parler de la routine matinale ? D'ailleurs, qui n'a pas sa propre routine matinale aujourd'hui ? Popularisée grâce à une multitude de personnes qui ont étudié les bienfaits de la routine matinale, celle-ci est même devenue un effet de mode. Aussi, que celle-ci soit composée d'un temps de méditation, de yoga, d'écriture, de visualisation, etc., ou bien que ce soit simplement s'habiller, manger et partir au travail, tout le monde possède sa propre routine matinale. Seulement, comme tu t'en doutes, elles n'ont pas toutes les mêmes effets.

Avoir une routine matinale, est-ce réellement bénéfique ou bien est-ce juste pour se donner une bonne image et bonne conscience ? Que choisir de faire parmi le panel de choses que l'on nous propose ? Combien de temps doit durer une routine matinale ? De nombreuses questions peuvent t'assaillir quant à ce sujet. C'est pourquoi nous allons voir ensemble ce qui est vraiment bénéfique à effectuer dès le matin.

Si je te propose, ici, plusieurs actions à mettre en place pour te créer une habitude matinale, sache que le but de cela est de te sentir bien. Il arrive à tout le monde de se lever et de mal débuter sa journée en fonction de la qualité de notre sommeil, des rêves et cauchemars que l'on a pu faire, etc. En revanche, trop de personnes ne font rien pour changer ce ressenti et « gâchent » leur journée entière.

En effet, est-ce que toi aussi tu connais ces journées où tu n'enchaînes que des choses négatives sans parvenir à casser ce cycle ? Une routine matinale constructive te permet d'inverser la tendance pour faire en sorte que chaque journée soit agréable à vivre.

Pratiquer certaines activités te permettra d'être dans un état d'esprit positif pour le reste de la journée, de t'apporter davantage d'énergie et de te réserver un temps pour toi, pour évoluer intellectuellement, spirituellement et physiquement. Cela ne peut durer que dix minutes, comme trente, voire une heure et même deux heures. Tout dépend de ton emploi du temps et de tes besoins.

Dans tous les cas, vois ce moment comme un temps pour toi, dédié à ton évolution personnelle. Si tu n'as encore aucune routine d'établie, mis à part te lever, manger, te préparer et partir, je te conseille de débuter par une routine plutôt courte puis de la rallonger au fur et à mesure, pour ne pas te décourager dès le début.

Les premières habitudes importantes à intégrer à ton quotidien, tu t'en doutes sûrement, sont le yoga et la méditation. Je ne vais pas développer ici ces pratiques, car la partie suivante leur est entièrement dédiée, mais sache que le yoga et la méditation sont des pratiques qui t'aideront à être plus calme, plus serein, plus concentré et à avoir moins de pensées encombrantes. Elles te permettent également d'augmenter ton énergie et te rendent moins sujet aux sautes d'humeur en t'aidant à gérer tes émotions. Ce sont deux habitudes indispensables à ton bien-être que je te recommande fortement d'expérimenter et que je t'encourage à continuer si tu as déjà commencé.

Ensuite, comme tu t'en doutes également, je ne pouvais pas parler de routine matinale sans y introduire la douche froide. Oui, je suis d'accord avec toi, cette pratique est fortement désagréable, d'autant plus quand tu viens tout juste de te réveiller, mais elle possède d'innombrables bienfaits qui ne sont plus à prouver.

Cela te permet non seulement de réveiller ton corps, de te redonner de l'énergie et de t'enlever toutes ces pensées négatives de la tête, mais également de booster ton système immunitaire et d'améliorer ta concentration. Je sais que c'est difficile et que tu n'en as pas envie. Même au bout de plusieurs années, chaque matin je dois affronter cette difficulté. Chaque matin, je n'en ai pas envie non plus. Chaque matin, mon mental tente de trouver des excuses pour que je ne le fasse pas, mais je ne réfléchis pas. Je me mets dans la douche et je passe l'eau glacée sur moi, des pieds à la tête. J'affronte cette difficulté et chaque matin en sortant de ma douche froide je me dis « Ce que ça fait du bien, je suis content de l'avoir prise ! » Alors je peux commencer ma journée en sachant que je pourrai affronter toutes les difficultés que je vais rencontrer.

Maintenant, si je te demande « As-tu fait ton lit ce matin ? », que me répondras-tu ? Parce que si tu n'es pas capable de faire ton lit le matin, comment veux-tu être capable de réaliser tous tes rêves ? Si tu n'es pas capable d'accomplir de petites tâches, simples, telles que faire ton lit, comment veux-tu accomplir de grandes choses ? Tu vois où je veux en venir. Peu importe l'endroit où tu dors, prends l'habitude dès que tu sors de ton lit de le faire pour terminer le cycle du sommeil. Faire ton lit le matin peut paraître anodin, mais tout comme te réveiller à la première sonnerie de ton alarme, cela aura un impact important dans ta vie. En plus de renforcer ton autodiscipline, t'apprendre à finir ce que tu as commencé, faire ton lit organise également l'espace extérieur pour plus de clarté d'esprit. Bref, c'est un détail qui fait la différence.

Les dernières astuces que j'ai à te donner pour bien débuter tes journées se passent dans ta tête. En fait, chaque matin quand ton réveil te tire de ton sommeil et que tu grognes parce que tu es fatigué, tu as deux options : soit tu te rendors, soit tu te lèves. Là, tu vas me dire « Oui, merci, je le savais déjà. » Mais as-tu vraiment conscience de ce qu'il y a derrière chaque option ?

Prends conscience que te rendormir c'est décider de ne pas affronter les difficultés de la vie. C'est envoyer le message à l'univers que tu préfères être endormi, donc passif, plutôt que de vivre ta journée. C'est dramatique quand même, non ? Dès lors, comment veux-tu espérer matérialiser de grandes choses dans ta réalité ? Tandis que choisir de te réveiller, peu importe comment tu te sens, c'est simplement envoyer le message que tu as envie d'expérimenter cette journée. Chaque jour est une chance, une opportunité de te rapprocher de ta vie rêvée. Combien de personnes ne se sont pas réveillées ce matin ? Trop ! Et toi tu te permets de râler, alors que tu as la chance d'expérimenter une nouvelle journée ?

Si tu décides de te lever, pense à te poser cette question : quelle est ma journée idéale et est-ce que ce que je m'apprête à faire aujourd'hui m'aide à me rapprocher de cet idéal ou m'en éloigne ? Ce petit exercice de visualisation te permet chaque matin de te rappeler tes objectifs et de t'y connecter. C'est un peu comme le marin qui vérifie régulièrement s'il suit toujours le bon cap.

De même, vérifie chaque jour que tes actions du moment t'amèneront là où tu veux être plus tard. Cela te permettra de prendre conscience de toutes ces actions qui ne te servent pas dans ton évolution, voire te freinent. Certes, matérialiser ses rêves est difficile, cela prend du temps et tu n'atteindras jamais ton idéal, car c'est là le principe d'un idéal : ne jamais être atteint, mais dans ce processus d'évolution constante tu te sentiras bien, car tu te dirigeras dans la bonne direction. N'enchaîne pas les journées, les semaines, les mois voire les années sans même penser à tes rêves, car il n'y a rien de pire que les regrets.

Pour te donner un exemple, parmi tant d'autres, de routine matinale constructive que tu peux mettre en place, cela peut donner à peu près ceci : tu fais le choix de te lever à la première alarme, tu visualises ta journée idéale et tu l'ajustes en fonction de tes objectifs. Puis, tu sors de ton lit sans oublier de le faire. Il est également conseillé de t'hydrater. Ensuite, tu prends une douche froide, tu médites et tu fais du yoga ou inversement, et te voilà prêt à affronter cette nouvelle journée, positif et plein d'énergie. Bien sûr, cela n'est qu'un exemple, tu peux tout à fait y rajouter des activités que tu aimes et qui te font du bien, comme l'écriture, la peinture, la musique ou encore le sport.

Faire de ta routine matinale une priorité chaque jour, c'est prendre soin de toi, de ton corps et de ton esprit. Tu ressentiras alors une réelle différence entre les jours où tu mets en place ta routine et ceux où tu ne la fais pas. Les solutions pour être bien et profiter de ta vie sont à ta portée. Il n'y a rien de magique, rien de compliqué, seulement de la discipline et de la volonté. Te lever ou te rendormir ? À toi de faire ton choix.

LE SOIR

« Avoir un rituel le soir, c'est mettre toutes les chances de son côté pour passer une bonne nuit. »

Les routines du soir sont largement moins développées et partagées que celles du matin, et pourtant elles peuvent être également très bénéfiques, en libérant toutes les pressions accumulées lors de la journée, afin d'améliorer la qualité de ton sommeil. Si l'on recommande davantage d'effectuer une routine le matin que le soir, c'est parce que le soir la fatigue se fait davantage sentir, et qu'il y a donc plus de probabilités de ne pas effectuer sa routine le soir que le matin. Pourtant, à mon sens, les deux sont liées, car c'est en dormant mieux que tu pourras te lever tôt le lendemain afin d'effectuer ta routine matinale.

De bonnes habitudes le soir commencent par le dîner. Je te recommande fortement de manger tôt, normalement avant le coucher du soleil, mais je suis conscient que cela n'est pas évident, d'autant plus en hiver, mais aussi et surtout de limiter au maximum les protéines. Celles-ci sont indispensables au bon fonctionnement de notre organisme, il ne s'agit pas de nier cela, mais il est préférable de les consommer le matin ou le midi, car elles demandent un grand effort de digestion ce qui diminue considérablement la qualité de notre sommeil. Ainsi, sans même parler de véganisme ou de végétarisme, je te conseille largement d'arrêter la viande rouge le soir. Car en plus de contenir beaucoup de protéines, la viande rouge est également bourrée de testostérone, ce qui jouera là aussi sur ton sommeil.

De même, nous ne sommes pas faits pour vivre avec la lumière le soir. Notre cycle naturel nous amène normalement à nous coucher et à nous lever au même rythme que le soleil. Certes, notre organisme a évolué depuis, notamment avec la généralisation de l'électricité, néanmoins, tenter de suivre le cycle du soleil favorise un sommeil réparateur et un endormissement plus rapide. J'entends par « suivre le cycle du soleil » d'éteindre les grandes lumières lorsque le soleil se couche et de diminuer progressivement la luminosité à l'approche du coucher.

Non seulement ton corps comprendra qu'il est temps de dormir, mais en plus, cela créera une ambiance calme, favorisant d'autant plus ton endormissement. Et bien évidemment, laisse tous les écrans loin de toi, car il n'y a pas mieux que la lumière bleue pour te créer des insomnies. Si cela est compliqué pour toi, ce que je peux comprendre, arrête-les au moins une heure avant de te coucher. Je te conseille également de laisser une fenêtre entrouverte, même en hiver, afin qu'il y ait toujours un filet d'air frais, car la température de ta chambre ne doit pas excéder dix-huit degrés, auquel cas ton corps ne pourra pas bien se refroidir et te procurer un sommeil réparateur.

Pour favoriser ton endormissement et surtout éviter les insomnies, je te recommande également de te relaxer. Non, se relaxer n'est pas se vautrer dans son fauteuil et regarder la télévision jusqu'à s'endormir, mais plutôt prendre du temps pour toi, au calme. Tu peux, par exemple, faire du yoga ou de la méditation afin d'évacuer les tensions et de canaliser tes pensées pour éviter qu'elles te tiennent éveillé. Tu peux aussi lire pour te relaxer, ou encore te masser.

Puis, avant de te coucher, adopte la règle des dix dix. Cette règle consiste simplement à prendre dix minutes, le soir, pour noter dix objectifs à accomplir le lendemain. Cela est très efficace pour être productif, d'autant plus quand tu le fais le soir, car tu programmes ton cerveau à ce qu'il doit accomplir le lendemain. Il a donc toute la nuit pour y « réfléchir » et trouver la meilleure façon d'y parvenir. Si tu ne trouves pas dix objectifs, c'est que tu n'es pas assez clair sur ta vision et tes objectifs, que tu ne sais pas exactement ce que tu veux et d'où tu pars. Ce n'est pas grave, il s'agira simplement de prendre le temps de réfléchir à cela.

En revanche, si tu as plus de dix tâches à accomplir le lendemain, c'est probablement que tu n'arrives pas à prioriser tes tâches pour ne te concentrer que sur celles qui sont vraiment importantes. Là aussi, ce n'est pas grave, il s'agira d'apprendre à prioriser, ce que nous ferons dans la dernière partie de cet ouvrage. Le mieux est, par la suite, de classer tes objectifs par ordre de priorité, où ta première priorité n'est pas la tâche la plus importante, mais celle qui te fait le plus peur. Ainsi, en l'accomplissant en premier, non seulement tu t'empêches de procrastiner, mais surtout tu débutes ta journée empli de confiance, car tu as su effectuer la tâche qui te faisait le plus peur.

Enfin, au moment où tu t'apprêtes à fermer les yeux pour t'endormir, pense à reprogrammer ton subconscient en évacuant toutes les phrases négatives du type « Je n'arrive pas à m'endormir », « Je vais être fatigué demain », « Je sens que je vais encore faire une insomnie », etc. Cela n'aide en rien, bien au contraire. Augmentant ton anxiété, l'ennemie du sommeil, ces phrases participent activement à tes insomnies. Donc, remplace-les plutôt par des phrases du type « Je m'endors, je suis fatigué, je vais bien dormir », « J'ai largement assez d'heures de sommeil pour être en forme demain ». Tu ressentiras instantanément l'impact positif.

Voilà des habitudes qui me semblent indispensables pour un sommeil réparateur. Certaines peuvent te paraître là aussi inutiles, mais n'oublie pas que c'est l'addition de petits détails qui permet un grand impact. Je te conseille non pas de me croire sur parole, mais bien d'expérimenter en faisant tes propres tests.

Si aujourd'hui ta vie ne te convient pas, ne reste pas là à effectuer sans cesse les mêmes actions et à en espérer des résultats différents. Si tu veux changer les choses, il te faut te trouver dans un environnement différent, à agir différemment et à penser différemment. Ne pense pas qu'à court terme.

Oui, sur le moment tu préfères rester dans ton canapé à regarder la télévision plutôt que de faire des étirements et de méditer. C'est plus facile, plus confortable, j'en conviens, mais sur le long terme, qui sera plus heureux ? Celui qui a une routine bénéfique et qui matérialise sa vie rêvée ou l'autre ? La réponse vient d'elle-même. Alors, prends les choses en main et deviens l'acteur de ta vie.

5 HABITUDES BOUDDHISTES

« N'oublie pas que ton existence est limitée et que chaque jour qui t'est donné est précieux. »

Les enseignements du bouddhisme ont beaucoup à nous apprendre et à nous apporter au quotidien. C'est pourquoi j'ai eu envie de te présenter cinq habitudes tirées du bouddhisme pour expérimenter davantage de joie et de bien-être dans ton quotidien. Le bouddhisme n'est pas une religion, mais plutôt une philosophie de vie, qui, par la simplicité et la neutralité, vise le bonheur absolu.

La première habitude bouddhiste à adopter est de focaliser toute ton attention sur une seule chose à la fois. Certes, beaucoup de personnes aiment se vanter qu'elles sont multitâche, néanmoins, effectuer une seule chose à la fois permet d'être plus productif et de produire un travail de meilleure qualité. Plus que cela, des études ont prouvé que déplacer toute notre attention sur une seule chose à la fois développe cette sensation de bien-être, car, totalement focalisés sur ce que nous faisons, nous ne pensons plus à tous nos problèmes. Si cette habitude peut paraître simple en apparence, elle est, en réalité, bien plus compliquée parce que nous ne faisons que trop rarement une seule chose à la fois.

La deuxième habitude doit t'être familière, car c'est quelque chose dont on a parlé à de multiples reprises : lâcher prise sur le contrôle que l'on essaie d'avoir. Comme tu le sais déjà, de nombreux événements extérieurs et situations échappent à notre contrôle, et face à cela, le mieux est de lâcher prise sur notre désir de tout contrôler. Le seul contrôle que nous avons est celui de notre perception de la situation, autrement dit de nos pensées et par là même de nos actions.

Ne possède pas plus que ce dont tu as besoin est la troisième habitude bouddhiste à adopter si tu souhaites expérimenter davantage de joie dans ton quotidien. Il est important de savoir faire la différence entre ce dont tu as vraiment besoin et ce que tu désires, parce que tu désires beaucoup de choses qui ne te sont pas nécessaires. Or, chercher le plaisir d'un instant t'éloigne du bonheur réel et profond, car cela te crée davantage d'attachements au monde matériel et donc davantage de souffrances.

La quatrième habitude vraiment importante, à mon sens, est de vivre comme si on allait mourir demain. Nous en avons d'ailleurs parlé dans le chapitre sur la mort, que je te conseille d'aller lire. Simplement, n'oublie pas que ton existence est limitée et que chaque jour qui t'est donné est précieux. Alors, profite de chaque instant.

Enfin, la philosophie bouddhiste conseille de prendre le temps de consulter régulièrement notre santé mentale. Par « santé mentale », elle entend comment nous nous sentons intérieurement. Ainsi, prends un temps, chaque jour, pour te poser, respirer et te demander : « Comment je me sens en cet instant ? » Si tu ne te sens pas bien, cherche la raison de ce mal-être et change la situation qui t'affecte négativement. Si tu ne le peux pas, alors lâche prise et sois dans l'acceptation.

Le point important ici est de prendre conscience qu'il n'y a pas que ta santé physique qui compte, mais aussi ta santé mentale. Et même plus, ta santé mentale a davantage d'importance que ta santé physique, car de nombreuses maladies physiques sont liées au mental. Pourtant, beaucoup de personnes délaissent complètement leur santé mentale pour ne se focaliser que sur leur santé physique.

Voilà donc cinq habitudes bouddhistes qui t'amèneront à expérimenter davantage de bien-être dans ton quotidien et à profiter de ta vie. Chacune d'elles me paraît importante et en les mettant en pratique, si ce n'est pas déjà le cas, tu pourras alors expérimenter un grand changement dans ta vie.

5 PRINCIPES TAOÏSTES

« Rire est une grande source de bonheur, alors pourquoi s'en priver ? »

Voyons maintenant cinq principes taoïstes pour améliorer ton quotidien, te connecter aux autres, à l'univers et à la nature. Le taoïsme peut être considéré comme une religion ou une philosophie de vie, fondée par Lao Tseu. Celui-ci considérait le « Tao », source infinie, invisible et éternelle, comme l'origine même de toutes choses.

Le premier principe du taoïsme est que l'expérience doit primer sur la connaissance. Certes, apprendre, se cultiver, enrichir son esprit est très important, mais si tu ne mets pas en pratique ces théories, cela ne restera que des concepts mentaux et tu n'évolueras pas. Le but de toute réflexion doit être l'action. C'est d'ailleurs pour cela que j'insiste dans ce livre sur le fait de mettre en pratique les conseils que je partage et non pas juste de te contenter de les lire. Les lire et en prendre conscience est déjà un grand pas, je ne nie pas cela, mais l'action derrière est d'autant plus importante.

Le deuxième principe taoïste est que tu dois faire corps avec l'univers. Comme tu le sais, la nature possède certaines règles, certains rythmes et il est important d'en prendre connaissance, de les accepter et de vivre avec. Trop souvent l'homme cherche à exploiter la nature, à dominer les cycles naturels et à tout contrôler, mais cela ne l'amène qu'à souffrir. Donc, fais de la nature ton alliée, crée une connexion profonde avec elle et tu seras d'autant plus heureux et en paix.

Ensuite, le taoïsme t'encourage fortement à être authentique, à être toi-même. Nous avons longuement développé ce sujet dans la partie sur la relation que l'on construit avec soi-même et que je te conseille donc d'aller lire si ce n'est pas déjà fait. Simplement, sois authentique et vulnérable. Laisse tomber les rôles que tu joues et qui puisent toute ton énergie. Sois toi-même, accepte-toi tel que tu es et les autres pourront alors t'accepter en retour.

Ce qui amène au quatrième principe taoïste, qui est de prendre tes responsabilités. Le taoïsme te rappelle que tu es responsable à 100 % de ton existence. Tu n'es pas là où tu es aujourd'hui grâce à ta famille, à tes amis ou encore au gouvernement, à l'époque dans laquelle tu vis, etc., mais bien à toi. Tu es responsable de ta vie. Donc, si ton existence à l'heure actuelle ne te correspond pas, fais en sorte de la modifier. Rejeter la faute sur d'autres n'arrangera rien et augmentera ton sentiment d'impuissance. Change ta manière de penser et tu changeras ton monde extérieur.

Enfin, le dernier principe taoïste que je voulais partager ici est de ne pas prendre la vie au sérieux. La vie est un jeu. Nous ne sommes pas nés pour être sérieux, mais plutôt pour expérimenter la joie au quotidien et pour cela, quoi de mieux que de rigoler à chaque instant ? Je ne te dis pas de prendre tes problèmes à la légère, mais simplement de les voir davantage comme des challenges, comme des opportunités d'évoluer que comme des difficultés que tu n'as pas envie d'affronter. Rire est une grande source de bonheur, alors pourquoi s'en priver ?

Voilà donc quelques principes taoïstes qui me paraissaient importants de partager. Là aussi, chacun d'eux te permettra de vivre une vie harmonieuse et épanouie, mais surtout rappelle-toi que te contenter de les lire ne servira à rien si tu ne les appliques pas par la suite. L'expérience prime sur la théorie.

LISTE DE BONNES HABITUDES

« Elles auront toutes un impact positif
sur ta vie et feront en sorte
que tu deviennes la meilleure version
de toi-même. »

Afin de te sentir encore mieux, d'expérimenter davantage de joie et de bien-être, de nombreuses habitudes peuvent t'aider au quotidien. En effet, comme tu t'en doutes, les bonnes habitudes ne sont pas à adopter que le matin ou le soir, bien au contraire, elles s'adoptent en chaque instant. Parmi ces habitudes que je te propose, il y en a probablement un certain nombre que tu as déjà adoptées, concentre-toi alors sur les autres. Si certaines sont efficaces sur le moment, d'autres le seront à long terme, si certaines se passent au niveau de ton mental, d'autres se situent au niveau de tes actions, mais sache qu'elles auront toutes un impact positif sur ta vie et feront en sorte que tu deviennes la meilleure version de toi-même. À effectuer, donc, sans modération !

Développe ta reconnaissance : La première habitude qu'il me tenait à cœur de partager est le fait d'être reconnaissant de tout ce que tu as et de tout ce que tu vis, car la gratitude a des pouvoirs encore trop sous-estimés. Peu importe la vie que tu mènes, si tu n'es pas reconnaissant de ce que tu as déjà et que tu te places dans une impatience constante, alors tu ne seras pas heureux. Expérimenter l'ingratitude c'est ressentir en permanence un manque.

Donc, peu importe ce qui se passe, que ce soit plaisant ou non, exprime ta gratitude. Certes, il est plus facile d'exprimer sa reconnaissance pour les moments de joie, les bonnes nouvelles et les nouveaux biens, mais remercier pour les moments difficiles aura davantage d'impact. Remplacer les « pourquoi moi ? » par des mercis te rendra beaucoup plus heureux et épanoui. D'autant plus que c'est dans la difficulté que tu apprends, que tu évolues et que tu grandis. Si tu es qui tu es aujourd'hui, c'est grâce à tous les obstacles que tu as déjà surmontés et dont tu peux être fier. Ainsi, sois reconnaissant du matin au soir et exprime cette gratitude.

À l'heure actuelle, nous avons tendance à tout tenir pour acquis, que ce soit nos biens, nos relations et même notre vie. Nous pensons et agissons comme si rien n'allait changer, que tout allait rester ainsi. Or c'est faux, tout est impermanent, donc profite de chaque instant qui t'est donné. Et si tu veux aller plus loin encore, tu peux même être reconnaissant d'être reconnaissant. Après tout, il n'y a aucune limite à la reconnaissance.

Utilise la loi de l'attraction : Il faut savoir que tout est fait de vibrations et d'énergies. Comme nous l'avons vu précédemment, tu n'attires pas ce que tu souhaites, mais des choses, des situations, des personnes qui résonnent sur la même fréquence que toi. Ce que tu reçois est donc uniquement un reflet de l'énergie que tu émets.

Ainsi, il y a de grandes probabilités pour que, si tu traites les personnes d'une certaine manière, elles te traitent en retour de la même manière. Je te conseille donc de prendre en compte cette loi et de l'utiliser à ton avantage en cherchant à augmenter ta fréquence vibratoire, par ces bonnes habitudes que je partage avec toi, mais aussi et surtout en concentrant tes pensées sur des choses positives.

Par exemple, au lieu de te focaliser sur cet événement d'hier qui t'a affecté négativement et de ressentir encore des émotions négatives à son propos, pourquoi ne pas concentrer tes pensées sur cet autre moment heureux afin d'expérimenter le bien-être ? Au lieu de ressasser cet échec qui t'amène à croire que tu es nul, pourquoi ne pas penser à cette réussite qui t'amènera à ressentir de la fierté ? Au lieu de te focaliser sur toutes les personnes qui ne t'aiment pas, pourquoi ne pas te focaliser sur toutes celles qui t'aiment et te soutiennent ?

Te focaliser sur les choses positives de ta vie, c'est non seulement développer davantage de gratitude et donc de bien-être, mais c'est aussi changer ta fréquence vibratoire pour attirer à toi encore plus de positif.

Change ta manière de communiquer avec toi-même : Dans la continuité du point précédent, il est important, pour te sentir bien, de communiquer avec toi-même d'une manière positive, bienveillante et respectueuse. Comment veux-tu réussir et avoir confiance en toi si tu te répètes sans cesse « Je suis nul », « Je n'y arriverai pas », « Je suis trop bête » ? Comment veux-tu t'aimer si tu te dis « moche », « immonde », trop ceci, trop cela, pas assez ceci, pas assez cela ? Non, deviens ton ami et change ton discours intérieur. Transforme ces phrases négatives en « Je sais que j'en suis capable avec de l'entraînement », « Je m'aime et me respecte ». Il ne s'agit pas de te mentir, seulement d'arrêter de te dévaloriser.

Entoure-toi de personnes bienveillantes et positives : Pour t'aider à changer ce discours intérieur, il est important de t'entourer de personnes qui te soutiendront et qui t'accepteront tel que tu es, sans te juger, te critiquer ou te rabaisser sans cesse. On entend souvent dire que nous sommes la moyenne des cinq personnes que nous côtoyons le plus, je ne peux pas prouver cela, en revanche ce que je sais c'est que nous absorbons la manière d'être des autres. C'est ce que l'on appelle en PNL le modeling.

Ainsi, nous absorbons le comportement, la manière de penser et la manière de se tenir des personnes qui nous entourent. Je te recommande donc largement de porter une certaine attention aux personnes qui t'entourent, car si elles ne sont pas responsables de ta vie, en revanche elles l'influencent grandement.

Donne : Que cela soit de l'amour, de l'argent, des biens, ou encore des idées, donne et partage le plus possible ou cela mourra avec toi. Si l'argent n'est pas fait pour rester sur un compte bancaire, l'amour n'est pas fait non plus pour rester dans ton cœur et tes idées pour rester dans ta tête. Tout est fait d'énergie et l'énergie doit circuler. Peut-être que tu ne vois pas l'intérêt de partager ton idée par exemple, car elle te paraît sommaire, mais tu ne sais pas de quoi sera fait l'avenir. Peut-être que ton idée amènera à d'autres idées, qui à leur tour amèneront encore à de nouvelles idées, jusqu'à arriver à une nouvelle avancée majeure. Tu as ton rôle à jouer sur cette Terre, et cela se fait notamment par le don. Lorsque tu meurs tu n'emportes rien avec toi, donc donne et partage autant que possible, tu n'en ressentiras qu'un bien-être profond.

Respire : Si tu veux te sentir bien instantanément, alors respire. Non pas comme tu le fais en cet instant, mais en prenant de longues inspirations et de longues expirations. Prends ton temps, calme-toi, respire avec ton ventre, puis ta cage thoracique et enfin tes clavicules. Sens l'air entrer dans tout ton corps et concentre-toi sur ces va-et-vient similaires à ceux de la mer. Ne te sens-tu pas mieux ? Te focaliser sur chacune de tes inspirations et expirations te permet de t'ancrer dans le moment présent, là où tout va bien, où aucun problème n'a sa place. Je ne te dis pas de tout voir de manière positive, mais simplement de voir les choses telles qu'elles sont. Sans jugement ni interprétation. Rien n'est positif ni négatif, et cela tu l'intègres réellement à partir du moment où tu apprends à te connecter au moment présent. Je te renvoie ici au chapitre sur l'instant présent.

Fais du sport : Oui, faire du sport est vraiment bénéfique autant pour ton esprit que pour ton corps, et ça, je pense que tu le sais déjà. Certes, cette habitude n'est pas originale, mais ce n'est pas pour autant qu'elle n'est pas importante. Trop de personnes s'attardent sur le fait que faire du sport permet de maigrir, de prendre des formes ou bien de s'améliorer dans une discipline en particulier. Certes, ce sont des raisons pour débuter une activité physique, néanmoins ce ne sont pas les aspects sur lesquels je souhaite m'attarder ici. Parce que plus qu'améliorer ton aspect extérieur, le sport t'apportera davantage d'énergie et un réel bien-être intérieur, sans compter la fierté que tu ressentiras à chaque fin de séance. Si certains deviennent addicts aux sensations qu'offre le sport, ce n'est pas pour rien. En effet, en mettant en mouvement ton corps, celui-ci libère alors des endorphines, l'hormone du bonheur.

Ainsi, il est temps de te mettre au sport, certes pour améliorer ton aspect extérieur, mais surtout pour augmenter ton sentiment de bien-être. Pour cela nul besoin de te lancer dans des choses compliquées, de payer un équipement spécifique ou même un abonnement à un sport en particulier. Il te suffit de faire des sauts, des pompes et de courir sur place. Bref, il te suffit de mettre ton corps en mouvement pendant dix minutes.

Brosse-toi les dents de l'autre main : Non, cela n'est pas une blague. Si tu es droitier, tu dois probablement te laver les dents de la main droite et inversement si tu es gaucher. Dès lors, brosse-toi les dents de la main opposée. Si cette habitude peut te sembler étrange, elle apporte pourtant de nombreux bénéfices. En effet, il faut savoir que la partie droite de ton corps est reliée à l'hémisphère gauche de ton cerveau et inversement.

Donc, en te brossant les dents de l'autre main, tu sollicites l'hémisphère que tu n'es pas habitué à utiliser et donc tu développes davantage ton cerveau. Si je te propose le brossage de dents comme action à effectuer de l'autre main, c'est parce que c'est une action que tu effectues tous les jours, mais bien sûr tu peux choisir de faire autre chose. L'idée ici est simplement d'utiliser la main que tu n'as pas l'habitude d'employer afin de développer tout le potentiel de ton cerveau.

Prends l'air régulièrement : Comme nous l'avons vu dans la partie sur les émotions, prendre l'air, notamment dans de grands espaces ouverts, si possible dans la nature, aide à créer un espace intérieur, à calmer ton mental et à prendre du recul sur les événements que tu traverses. C'est donc une habitude à adopter et à appliquer aussi souvent que possible. Plus tu te connecteras à la nature et plus tu développeras un sentiment de bien-être profond. L'idéal est même de te poser un instant, de prendre le temps de respirer, d'écouter les sons environnants, de regarder les couleurs et les formes, de sentir les différentes odeurs et le soleil réchauffer ta peau, bref de te connecter à l'instant présent. Un vrai moment de bonheur où nul problème n'a sa place.

Questionne : Que ce soit une information que l'on t'a donnée, une règle que l'on t'a imposée ou encore tes habitudes, questionne. Observe ton quotidien et demande-toi pourquoi tu fais toutes ces actions, pourquoi tu t'entoures de ces personnes, pourquoi tu penses cela, etc. Prends l'habitude de questionner ton quotidien afin de l'adapter et d'évoluer dans le sens que tu souhaites réellement et non dans celui que l'on t'impose. C'est en questionnant ton quotidien que tu reprendras le contrôle de ta destinée. Il est vraiment important de te questionner très régulièrement pour être sûr que tu te diriges vers la direction souhaitée.

Ainsi, je te conseille, chaque dimanche, de te poser au calme, devant une feuille et de faire le bilan de ta semaine. Reprends chaque jour, un par un, et demande-toi si tu aurais pu te comporter différemment et si tu as été la meilleure version de toi-même. Cherche à voir les améliorations que tu pourrais apporter pour ne pas te contenter de ce que tu as. Cela boostera considérablement ton évolution et tu atteindras alors tes objectifs beaucoup plus rapidement.

Voilà pour ces quelques habitudes à adopter au quotidien pour vivre une vie qui te ressemble davantage. L'idéal serait, bien sûr, de toutes les mettre en pratique, mais pas de panique. Cela se fait sur le long terme, progressivement, l'une après l'autre. Le but ici n'est pas de toutes les intégrer du jour au lendemain, ce qui risquerait fort de mener à des échecs et à un sentiment de dévalorisation, mais simplement de prendre connaissance de ces habitudes et de choisir, dans un premier temps, celles qui t'attirent le plus en cet instant, celles qui te seront les plus bénéfiques et que tu te sens prêt à mettre en pratique.

N'oublie pas d'être bienveillant envers toi-même, car modifier ses habitudes est un processus long et difficile.

LES MAUVAISES HABITUDES LE MATIN

« Débuter sa journée
par de mauvaises habitudes,
c'est comme décider consciemment
de passer une mauvaise journée. »

Il y a ces habitudes que tu devrais introduire dans ton quotidien afin de développer un état d'esprit positif, d'être davantage énergique et plein de joie, et puis en parallèle, il y a également ces habitudes que l'on pourrait qualifier d'autodestructrices et d'illogiques qui te détournent de ce que tu souhaites et te font expérimenter un sentiment croissant de mal-être. Généralement, ces habitudes sont tellement ancrées que tu ne les questionnes même plus.

Aussi, si tu continues de les effectuer c'est en premier lieu parce que tu n'as pas conscience qu'elles te sont néfastes, et ensuite parce que tu as peur du changement, de sortir de ta zone de confort et de la nouveauté. Mais sache que si tu souhaites changer ta vie pour te sentir mieux et atteindre tes rêves, il te faut absolument éradiquer certaines habitudes extrêmement néfastes. Commençons donc par les habitudes au réveil qui sont très importantes parce qu'elles vont te mettre dans un certain état émotionnel pour le reste de la journée.

Premièrement, et nous l'avons déjà vu à plusieurs reprises, arrête de reporter ton réveil. Dès lors que ton réveil sonne, ne réfléchis pas et lève-toi. Fini les « cinq minutes de plus », les « pas maintenant », ou encore les « je suis trop fatigué ». Quand tu décides de te lever à une heure précise, lève-toi dès que ton réveil sonne. Non seulement cela aura un impact positif sur ta confiance comme on l'a vu au chapitre sur la confiance en soi, mais en plus cela développera ton autodiscipline, ce qui, assurément, modifiera positivement ton quotidien.

Ensuite, cesse de te concentrer sur la vie des autres, sur le monde extérieur avant même de te focaliser sur ta propre existence. Combien de personnes, à peine les yeux ouverts, se jettent sur leur téléphone pour dérouler leur fil d'actualité Facebook, Instagram et Twitter ? Combien allument la télévision ou encore la radio alors qu'ils ne sont même pas encore réveillés ? Oui, c'est intéressant de savoir que tel ami était avec tel autre hier soir et qu'il s'est passé ceci dans tel pays, mais, et toi dans tout cela ? Comment vas-tu ce matin ?

Et si tu prenais un temps pour toi, pour respirer et exprimer ta gratitude pour cette nouvelle journée, ne te sentirais-tu pas nettement mieux ? D'autant plus que regarder les réseaux sociaux t'amènera à te comparer aux autres et donc à une forme de souffrance, et regarder les informations t'amènera à ressentir de la peur et donc à te créer de fausses croyances. Tandis que te concentrer sur toi et respirer calmement en ressentant de la gratitude te mettra dans une belle énergie positive. Personnellement, le choix est vite fait.

Enfin, passons à une habitude très répandue, qui a même fait l'objet d'études scientifiques, et qui pourtant n'est vraiment pas la meilleure à adopter : le petit déjeuner. Partout, on entend dire que « le petit déjeuner est le repas le plus important de la journée », pourtant cela est une fausse croyance. Si l'on recommande aux sportifs de haut niveau de faire leur entraînement matinal avant de manger, ce n'est pas pour rien.

En fait, il faut savoir que manger le matin c'est utiliser ton énergie pour ta digestion au lieu de la faire monter à ton cerveau afin de développer tes capacités intellectuelles. Donc, je te déconseille fortement d'assommer ton estomac dès le matin si tu souhaites être productif par la suite. Je ne te demande pas de me croire sur parole, mais simplement de questionner cette habitude et de faire le test. Ne mange pas le matin pendant une période définie et vois comment cela impacte ton bien-être et ta productivité le matin.

De plus, outre la véracité ou non de cette croyance, si tu y crois, alors pourquoi manger du pain, du beurre et de la confiture, autrement dit de la farine, du gras et du sucre ? D'un point de vue nutritionnel, ce n'est pas ce qu'il y a de mieux. Le terme « important » ne signifie pas repas copieux, mais bien repas qui contient énormément de nutriments et de choses saines pour ton corps. Donc, si tu décides de continuer à prendre un petit déjeuner, mange au moins des fruits et des légumes.

De même, limite les boissons énergisantes. Que ce soit le café, mais aussi le thé ou d'autres boissons, elles ne sont pas saines pour ton organisme. Tu n'en as pas besoin, ton corps a toute l'énergie qu'il lui faut. Et si jamais ce n'est pas le cas, c'est le signe que tu manques de quelque chose comme de sommeil, de vitamines, ou encore de fer, etc. La solution consiste alors à apporter à ton organisme ce qui lui manque pour fonctionner à son plein potentiel, non pas de lui donner une boisson énergisante.

Si vraiment tu ne peux pas te passer de ton café le matin, ce que je peux comprendre, évite au moins de le boire comme première boisson avec du lait de vache. Je te recommande donc de le boire avec du lait d'amande pour neutraliser son acidité et lui donner un petit goût en plus très agréable.

Prends réellement conscience que les premières actions que tu effectues dès que tu ouvres les yeux ont un impact important sur le reste de ta journée. Cela arrive à tout le monde de se sentir mal dès le réveil, mais il s'agit là de ne pas entretenir ce sentiment de mal-être.

Personnellement, je préfère changer mon état émotionnel pour faire en sorte de profiter au maximum de chaque journée, parce que chaque jour est une nouvelle opportunité d'évoluer et de se rapprocher de sa vie rêvée.

Chaque jour compte. Chaque jour est précieux. Et pour honorer cette chance que j'ai d'être en vie, je refuse de continuer à faire des actions qui entretiennent un mal-être quotidien.

J'espère sincèrement pour toi que tu passeras également par cette prise de conscience et qu'en plus de lire ce chapitre, tu laisseras réellement tomber ces habitudes néfastes.

LES DIX COMMANDEMENTS ZEN

« Ta petite voix intérieure connaît le chemin du bonheur. »

Qui ne rêverait pas d'être plus zen au quotidien, de ne plus s'énerver pour quelques détails qui n'en valent pas la peine et de gaspiller son énergie pour des choses sans importance ? La bonne nouvelle est que cela est possible. Pour gagner en sérénité et être plus zen au quotidien, il y a certaines habitudes à laisser tomber que je souhaite partager avec toi. Je les appellerai les dix commandements zen.

Premier commandement : Laisse tomber la comparaison. Comme nous l'avons vu à plusieurs reprises, la comparaison est l'une des plus grandes causes de souffrance des êtres humains. Pourtant, c'est une habitude totalement illogique parce que nous nous comparons aux résultats et non aux processus et à des personnes que nous pensons plus heureuses que nous alors que nous ne les connaissons même pas. Tu ne peux comparer deux personnes, deux vies, cela n'a pas de sens et n'amènera rien, mis à part du mal-être. Ainsi, si tu veux absolument te comparer, compare-toi à la personne que tu étais hier, la semaine dernière, le mois dernier et ainsi de suite, pour voir ton évolution et ressentir de la fierté, mais pas aux autres.

Deuxième commandement : Laisse tomber la compétition. Tu sais, tu n'es pas obligé d'entrer en compétition et d'écraser les autres pour gagner. Il y a suffisamment de parts de gâteau pour tout le monde, alors évite-toi la souffrance liée à la compétition. Certes, elle peut être source de dépassement et de motivation, mais dans ce cas-là, entre en compétition avec toi-même et cherche à être meilleur chaque jour.

Troisième commandement : Mets ta colère de côté. Je sais que cela n'est pas facile, mais pose-toi là, un instant, et demande-toi : Est-ce que ces choses pour lesquelles je me mets en colère en valent réellement la peine ? Ton existence s'écoule en ce moment même, souhaites-tu vraiment perdre ton temps et ton énergie à t'énerver ? Je te renvoie vivement au chapitre sur la colère, qui développe des clés pour t'aider à mieux la gérer.

Quatrième commandement : Laisse tomber la culpabilité. Nous avons tous commis des erreurs, des choses que l'on aurait aimé ne pas faire ou faire autrement, mais cela est passé. Laisse le passé au passé et reconnecte-toi à l'instant présent, car lui seul compte. Pour cela, je te renvoie au chapitre sur la culpabilité.

Cinquième commandement : Mets les regrets de côté. Dans la continuité du point précédent, ne regrette rien. Car regretter c'est se faire souffrir pour une chose qu'on ne peut changer. Ainsi, soit tu lâches prise, tu acceptes et tu passes à autre chose, soit tu fais en sorte de changer la situation. Par exemple, si tu regrettes de ne pas avoir voyagé, soit tu acceptes ce fait-là, soit tu fais en sorte de voyager à partir de maintenant. Mais regretter ne te servira pas à grand-chose mis à part à entretenir ton mal-être.

Sixième commandement : Mets les inquiétudes de côté. Pour agir afin de ne pas regretter par la suite, pour oser prendre des risques qui t'amèneront à des opportunités et à des apprentissages, il te faut mettre tes inquiétudes de côté et arrêter d'imaginer les pires scénarios. Oui, c'est sûrement risqué ce que tu comptes entreprendre, mais cela en vaut la peine, car c'est en sortant de ta zone de confort que tu obtiendras les meilleurs résultats. Si ce n'est pas toi qui prends des risques, personne ne les prendra à ta place, alors passe à l'action.

Septième commandement : Mets la peur de côté. Ne sois plus paralysé par ta peur, mais utilise-la. C'est normal d'avoir peur d'effectuer quelque chose, mais il faut que tu parviennes à dépasser cette peur pour faire passer ta vie à un niveau supérieur. Comment ? En l'affrontant.

Si tu as peur de parler en public par exemple, alors fais-le, et rends-toi compte que ce n'était pas si horrible que cela. Crois-tu que les grands chefs d'entreprise n'ont pas eu peur au début de leur projet ? Bien sûr que si, mais ce qui différencie ceux qui matérialisent leurs rêves de ceux qui ne font rien c'est cette capacité à surmonter leurs peurs. Tout le monde expérimente la peur à un moment donné, mais peu parviennent à la surmonter, c'est en cela que se distinguent les gens courageux.

Huitième commandement : Ne prends pas la vie au sérieux. Ce qui renvoie au dernier principe taoïste. Nous faisons tous des erreurs, car personne n'est parfait, nous sommes tous confrontés à des difficultés dans la vie, mais la particularité de ceux qui sont profondément heureux c'est qu'ils ne se prennent pas au sérieux. Ils s'amusent. Comme ils ont gardé leur âme d'enfant, ils s'émerveillent de la beauté du monde et savent trouver la paix dans l'instant présent. Il y aura toujours une bonne raison de rigoler et d'exprimer sa joie.

Neuvième commandement : Cesse de vivre dans le passé ou le futur et vis pleinement dans le moment présent. Ce point est LA clé du bonheur, car là, ici, maintenant, tout se passe bien. Vis dans le moment présent et tu seras libre d'être heureux et de profiter de ta vie pleinement. Prends conscience que le passé et le futur ne sont que des concepts mentaux et que seul le présent existe. Alors, profite de chaque instant au lieu de ressasser le passé et d'imaginer le futur et reprends le pouvoir de ta destinée en agissant maintenant, car l'instant présent est le seul moment où tu as du pouvoir.

Dixième commandement : Il n'y en a pas. Enfin, pour expérimenter la joie et le bonheur, nul besoin de commandements, de religion, de philosophie. Apprends simplement à te connecter à ta joie intérieure en cet instant. Cela ne passe pas par la théorie, mais bien par la pratique. Déconnecte-toi un peu plus de ta tête, qui tente de tout comprendre et de tout rationaliser, pour te concentrer un peu plus sur ton cœur et ton instinct. Ta petite voix intérieure connaît le chemin du bonheur.

Dans la vie, il n'y a pas de difficultés, seulement des leçons à apprendre. Dès lors que tu vois un problème comme étant là pour t'aider à évoluer, ta vie prend une direction totalement différente. La vie est ton plus grand enseignant.

HABITUDES À ABANDONNER POUR ÊTRE PLEINEMENT HEUREUX

« Il est temps de passer à l'action, d'entreprendre de nouvelles choses et d'accompagner le changement pour qu'il s'effectue dans la direction souhaitée. »

D'autres habitudes encore t'empêchent également d'être pleinement heureux au quotidien. On pourrait en dresser une liste à rallonge, mais je me contenterai de partager ici les plus importantes à mon sens, celles qui ont le plus d'impact sur ta vie, ton ressenti et ton évolution personnelle.

La première est le fait d'être timide. Cela est d'ailleurs davantage une manière de se comporter qu'une habitude, mais je tenais vraiment à en reparler ici, parce que cela t'empêche de développer des relations sociales. Or, comme nous l'avons vu, nous sommes des êtres sociaux et nous avons donc besoin de relations saines et profondes pour nous sentir épanouis.

Ainsi, si tu ne passes pas à l'action, si tu ne vas pas voir cette personne qui t'attire, si tu ne débutes pas cette conversation qui te tient à cœur, tu risques de le regretter plus tard. Tu n'as pas à avoir honte de qui tu es, tu n'as pas à vouloir te cacher, ou à ne pas oser t'exprimer. Tu es aussi bien que chaque personne sur cette planète, donc mets cette timidité de côté, n'aie pas peur du regard des autres et bâtis des relations épanouissantes. Tu ne t'en sentiras que mieux ! Je ne te dis pas non plus d'être constamment entouré, l'autre extrême n'est pas forcément bon, mais seulement de surmonter cette timidité qui te gâche la vie et te fait perdre de nombreuses opportunités. Pour t'aider à surmonter ta timidité, je te renvoie au chapitre sur ce sujet. De nombreuses clés t'y attendent.

La deuxième habitude, que je te recommande largement d'abandonner, est toutes ces petites économies d'argent que tu cherches constamment à faire. Je ne dis pas qu'économiser est mal, bien au contraire, cela peut t'éviter certains problèmes et il est toujours bon d'avoir un peu d'argent de côté, seulement, de ne pas vouloir sans cesse économiser aux dépens d'expériences que tu aurais pu vivre.

Ton existence est limitée, alors pourquoi ne pas vivre le moment présent et profiter de cet argent pour faire des choses que tu aimes ? L'argent est une énergie, il a donc besoin de circuler. Alors autant le dépenser intelligemment dans des expériences, des moments qui t'apporteront réellement quelque chose tel que le voyage.

D'autant plus que chercher à économiser sans cesse le moindre centime c'est envoyer le message à l'univers que tu vis dans le manque et non dans l'abondance, ce qui te bloquera dans ta capacité à recevoir de l'argent. Donc, sois dans l'abondance, sans tout dépenser, en te permettant de vivre certaines expériences qui t'enrichiront.

Ensuite, je me devais d'en parler ici, s'il te plaît, pour toi, arrête de t'alimenter de choses nocives pour ton organisme. Te rends-tu compte que ton alimentation est un des piliers fondamentaux de ta vie ? Que ce soit pour ta santé, ton aspect extérieur ou encore ton énergie, l'alimentation joue un rôle considérable dans ton bonheur. Alors, pourquoi manger ces plats préparés, ces boîtes de conserve bourrées de conservateurs, de sel, de sucre, d'OGM et de bien d'autres choses que l'on ne veut même pas savoir ?

Il faut savoir que tes cellules se renouvellent à partir de la nourriture que tu ingères, donc tu deviens littéralement ce que tu manges, sans compter que mieux tu manges, mieux tu te sens. Dès lors, ne recherche plus un plaisir instantané en mangeant des choses néfastes à ton organisme et opte plutôt pour des aliments sains, plein de nutriments et de vitamines nécessaires au bon fonctionnement de ton organisme.

Oui, cela demande probablement de revoir toute ton alimentation, ce qui n'est pas facile, mais ta santé est trop importante pour continuer à la négliger ainsi. Et outre ce fait-là, manger est également l'occasion de respecter tes valeurs. Ainsi, si l'une de tes valeurs est l'amour, alors pourquoi as-tu de la souffrance dans ton assiette ? Je te laisse méditer sur cela.

Enfin, libère-toi de la peur du changement. TOUT est impermanent et la seule chose qui est permanente est le changement. Donc, quoi que tu fasses, quoi que tu souhaites, ta vie changera. Dès lors, ne vaut-il mieux pas que tu contrôles un tant soit peu le changement ? Ne vaut-il mieux pas que tu fasses du changement un allié plutôt qu'un ennemi ?

Il est temps de passer à l'action, d'entreprendre de nouvelles choses et d'accompagner le changement pour qu'il s'effectue dans la direction souhaitée. Combien de personnes veulent gagner plus, mais n'osent pas partir de leur travail ? Combien de personnes aimeraient bâtir des relations riches et épanouissantes, mais n'osent pas quitter leurs amis toxiques ? Combien de personnes aimeraient être en forme et pleines d'énergie, mais ne changent pas leur alimentation ? Beaucoup trop. Ne fais pas partie de ces personnes-là.

Il y a ce que tu souhaites et puis il y a ta situation actuelle. Entre les deux se trouve le changement. Donc si tu as peur du changement, non seulement rien ne va se passer pour te faire avancer dans la direction souhaitée, mais en plus tu risques même de reculer. Il est temps que tu oses et que tu affrontes tes peurs. Temps que tu prennes des risques pour la vie de tes rêves. Chaque jour est une nouvelle opportunité d'avancer et d'évoluer, alors saisis-la.

Voilà donc quelques habitudes que je te conseille vivement d'abandonner pour vivre ta vie rêvée et expérimenter un bien-être intérieur. Cela commence, là aussi, par affronter ta peur du changement, sortir de ta zone de confort et affronter l'inconnu en te détachant de ces habitudes qui te sont familières.

Je sais que ce n'est pas facile, mais c'est nécessaire pour vivre la vie que tu mérites, car toutes les plus belles choses se trouvent en dehors de ta zone de confort.

5 PHRASES AUTODESTRUCTRICES À BANNIR

*« La communication est cruciale
et possède un réel impact
sur notre bien-être. »*

Que ce soit dans les relations que l'on entretient avec les autres ou dans celle que l'on entretient avec soi-même, la communication est cruciale et possède un réel impact sur notre bien-être. Ainsi, les mots et les expressions que l'on utilise peuvent être destructeurs ou, au contraire, constructifs. Nos mots sont des sorts. À partir de là, libre à nous de choisir si nous lançons de bons ou de mauvais sorts.

J'aborderai ici particulièrement la communication interne, c'est-à-dire ces excuses, ces phrases négatives, autodestructrices, que tu te répètes sans cesse et qui t'empêchent d'avancer tout en détruisant ta confiance en toi. S'il est primordial de les supprimer, c'est parce que ces pensées deviennent par la suite ta réalité, car ton monde extérieur n'est que le reflet de ton monde intérieur. Ainsi, à force de penser à longueur de journée que tu es nul, tu vas réellement finir par le devenir.

Si certaines des phrases partagées dans les pages suivantes te sont familières et que tu souhaites t'en débarrasser, la meilleure solution pour cela est de les transformer en phrases positives.

Ainsi, pour reprendre notre exemple, si tu te surprends à te dire « Je suis nul », tu peux transformer cette pensée en « Je manque encore d'entraînement » ou bien en « Je ne suis pas nul, j'ai seulement le niveau d'un débutant », etc., et te répéter cette phrase de nombreuses fois chaque fois que la pensée négative réapparaît dans ton mental. Non seulement cela fera progressivement disparaître tes fausses croyances et tes excuses, mais en plus tu reprogrammeras ton cerveau de façon positive et confiante.

Même si nous n'allons aborder ici que les cinq phrases destructrices les plus courantes, il y en a en réalité beaucoup plus. Elles dépendent de tes fausses croyances, de ton histoire et de tes peurs. S'il est important de prendre conscience de ces petites phrases autodestructrices, c'est parce qu'elles te permettent de prendre connaissance de tes fausses croyances afin de travailler sur celles-ci. Or comme nous l'avons vu dans le chapitre « Évoluer », ces fausses croyances nous empêchent d'avancer comme nous le voudrions.

C'est pourquoi il est important, pour notre réussite et notre bien-être, d'en prendre conscience afin de les changer en croyances constructives. Je te recommande donc largement de prêter une attention particulière à ton langage intérieur.

La première phrase autodestructrice que je souhaite aborder ici est : « Cela n'est pas ma nature », ou encore « Cela n'est pas fait pour moi », « Cela n'est pas ma personnalité ». Ces phrases sont en réalité des excuses que tu te donnes pour justifier ton inaction. En te disant cela, tu te mens à toi-même, car certes tu as plus de facilités dans certains domaines que dans d'autres, on ne peut le nier, mais tout est pour toi à partir du moment où tu décides d'y passer du temps.

Tu n'es ni mauvais ni bon, tu as juste le niveau correspondant aux nombres d'heures passées dans cette activité. C'est justement en croyant que tu es bon que tu le deviendras, car tu auras davantage confiance en toi et de plaisir à t'entraîner. Tout s'apprend. Une personnalité se change, se développe, notamment en créant de nouvelles habitudes et en adoptant un nouvel état d'esprit. Donc, dire que cela n'est pas pour toi, c'est abandonner et te trouver une excuse, ce qui t'empêche de matérialiser ta vie souhaitée. C'est le moment de casser cette croyance et de te prouver le contraire, car c'est toi et uniquement toi qui détermines ce qui est fait pour toi.

« Cela ne va pas plaire », « Cela va les décevoir », si ces phrases te sont familières c'est que tu accordes beaucoup trop d'importance au regard des autres. Cela ne va pas plaire ? Et alors, tu t'en moques ! Ne vis jamais pour quelqu'un d'autre que toi-même.

Comme nous l'avons vu dans le chapitre « Comment réagir face aux reproches ? », quoi que tu fasses, quoi que tu dises, tu recevras toujours des critiques, alors cesse d'accorder trop d'importance aux avis des autres. C'est ton ressenti, ton envie, ta vie. Si tes proches t'aiment réellement, ils accepteront ta décision.

« Pourquoi ça m'arrive à moi ? », en quoi te répéter ce genre de question t'aide à aller mieux et à avancer ? Cette phrase est ce que j'appelle une question stupide, car à part rejeter la situation et te faire souffrir, elle ne te sert à rien. Rappelle-toi que tout arrive pour une raison bien spécifique. Tu es exactement à l'endroit où tu dois être et si tu traverses une période difficile, c'est parce qu'il y a des leçons que tu dois apprendre afin d'évoluer. Donc, pour ton bien-être, ne résiste pas à cette situation et ne te place pas dans la position de victime en te plaignant sans cesse. Accepte ta situation et développe même ta reconnaissance, car cette souffrance que tu expérimentes en ce moment sera ta force et ta sagesse de demain. Comme nous l'avons vu à de nombreuses reprises, face à une situation qui te cause de la souffrance, tu as deux options : soit tu peux changer la situation et alors tu trouves un moyen d'y parvenir, soit tu ne le peux pas et alors l'acceptation sera la clé.

Dans la continuité de cette phrase, transforme tes « Je dois résoudre ce problème » en « Je dois surmonter ce challenge ». Ressens-tu la différence rien qu'en troquant le mot « problème » contre le mot « challenge » ? En effet, un problème est embêtant, négatif et source de souffrance et de stress. On n'a donc pas envie de le vivre et cela puise notre énergie. Tandis que relever un défi est challengeant, excitant et énergisant. Parfois, un petit changement de vocabulaire a bien plus de puissance qu'on ne le pense. Ainsi, en troquant le terme « problème » contre le terme « challenge », tu ne te concentreras plus sur le problème, mais sur la solution de manière positive et forcément, cela impactera ton quotidien.

« Ce n'est pas de ma faute », cette phrase te rappelle quelque chose ? Si cela peut te rassurer, tu n'es pas le seul. Beaucoup de personnes rejettent la faute sur les autres, ne prenant pas leurs responsabilités. En effet, cela apparaît comme plus facile de rejeter la faute sur les autres, sauf qu'en ne prenant pas tes responsabilités, c'est comme si tu renonçais à ton pouvoir d'être en mesure de changer la situation. Parce qu'être responsable c'est avoir la possibilité de changer les choses, de reprendre le contrôle et de trouver une solution. Oui, tu n'es sûrement pas responsable à cent pour cent, mais peu importe. Reprends tes responsabilités. Répète-toi « Je suis responsable » et change la situation qui te déplaît. Deviens acteur de ta vie.

« Je n'ai pas le temps », j'adore cette petite phrase que l'on se répète si souvent. Faire à manger ? Non, tu n'as pas le temps. Faire du sport ? Non, tu n'as vraiment pas le temps. Puis, comme tu n'as pas le temps, tu vas passer deux heures devant ta télévision à te répéter que tu es submergé. Et si tu arrêtais de te mentir ? Bien sûr que tu as le temps. Tu as vingt-quatre heures chaque jour, comme tout le monde. Tout est simplement une question de priorités. C'est OK si tu préfères rester devant la télévision au lieu d'aller faire du sport, seulement ne te dis pas que tu ne fais pas de sport parce que tu n'as pas le temps, car cela est faux. Prends conscience de tes priorités et questionne-les. Est-ce qu'elles te conviennent réellement ? Est-ce qu'elles te permettent d'avancer vers ta vie rêvée ? Puis, agis en fonction de celles-ci. En reprenant le contrôle de tes activités et de ton temps, tu ne te sentiras que mieux.

Ne te juge pas. Ce n'est pas le but et ça ne t'avancera à rien. Commence plutôt par accepter et voir les choses telles qu'elles sont. Rien que mettre les choses au clair de cette façon est très bénéfique. Puis, tourne-toi vers l'avenir et prends la décision de changer tout cela. Oui, il y a du travail, mais tu y parviendras. Une habitude après l'autre.

COMMENT SE SORTIR D'UNE ADDICTION ?

« Je prends la décision d'arrêter aujourd'hui parce que je me respecte. Quand je décide quelque chose, je le fais. »

Une addiction, quelle qu'elle soit, que ce soit à des substances telles que la cigarette, l'alcool, la drogue, le café, ou encore à des objets tels que le téléphone portable et la télévision, car oui les écrans sont devenus aujourd'hui une addiction, est néfaste. C'est une certitude et nous le savons tous. Pourtant, nous continuons, jour après jour, à fumer, à boire, à traîner sur notre portable, etc. Pourquoi ? Pourquoi avons-nous ancré dans notre quotidien ces habitudes néfastes ? La réponse est la dépendance.

Être addict c'est être dépendant. Être addict à la drogue c'est être dépendant du ressenti que celle-ci nous apporte. Être addict à la masturbation c'est être dépendant du ressenti expérimenté. Aussi, comme nous l'avons vu dans le chapitre sur la dépendance, tu n'es pas addict à l'objet ou à la substance eux-mêmes, non, tu es addict au ressenti.

Pour sortir de cette dépendance, la solution serait donc, dans un premier temps, de comprendre pourquoi tu consommes telle substance, pourquoi tu prends sans cesse ton téléphone dans tes mains, etc. La première réponse qui risque de te venir à l'esprit va être « Parce que j'aime ça » : « Si je bois c'est parce que j'aime le goût de l'alcool », « Si je fume c'est parce que j'aime la sensation de la fumée dans ma bouche », mais en es-tu vraiment sûr ? N'est-ce pas plutôt pour fuir ta réalité ? Pour ne pas te confronter à un problème en particulier ? Telle est la première question à te poser. Puis, il te faudrait voir comment tu pourrais accéder à ce ressenti, comment tu pourrais régler ce problème sans cette addiction. Voilà la théorie, mais en pratique, les choses sont bien plus complexes que cela, car comment remplacer le ressenti d'une drogue ?

Si tu es déterminé à arrêter une addiction, quelle qu'elle soit, il y a deux méthodes générales qui fonctionneront : la force mentale et le dégoût. Mais avant tout, il te faut y croire. On apprend souvent que pour performer dans un domaine, dans un projet, la première chose à faire est d'y croire. C'est la même chose ici. Crois réellement que tu es capable d'arrêter facilement ton addiction et répète-toi de nombreuses fois : « Je peux arrêter dès maintenant facilement. » Cela t'aidera à y parvenir.

En revanche, te dire qu'arrêter du jour au lendemain est impossible et que de toute façon tu n'y arriveras pas ne va que rendre plus difficile le fait d'arrêter. Je ne dis pas que c'est facile de se sortir d'une addiction, je suis passé par là et je sais combien cela peut être difficile, seulement, faire en sorte de croire que cela est facile est une aide inestimable. Si cela peut t'aider à y croire davantage, j'ai arrêté du jour au lendemain la cigarette, le bédo, et d'autres drogues après avoir consommé ces substances pendant de nombreuses années, et non, je ne suis pas plus fort ou plus capable que toi. Cela est possible à partir du moment où tu y crois. Alors, qu'attends-tu pour croire en toi ?

Mais comment arrêter ? La première chose à faire est de déterminer ton pourquoi. Pourquoi, toi, souhaites-tu arrêter cette addiction ? Ne réponds pas à cette question par une réponse toute faite, du type « pour ma santé » ou encore « pour mon bien-être ». Ne réponds pas non plus que c'est pour telle personne, car la volonté de changer doit provenir de toi seul. Trouve cette raison qui te prend aux tripes et qui te donne la force, le courage et l'envie d'arrêter. Cherche cette volonté, cette force mentale au fond de toi. Une fois que cette raison est claire, garde-la bien dans ta tête. Tu peux même l'écrire pour te la rappeler. Et toutes les prochaines fois où tu seras sur le point de retomber dans ton addiction, rappelle-toi ce pourquoi.

Ensuite, la première méthode, la meilleure à mon sens, est d'utiliser ta force mentale. De prendre la décision d'arrêter et de simplement te tenir à cette décision pour te respecter. Tu as la capacité de te contrôler, tu le peux. Tu as la capacité d'arrêter rien qu'en le décidant, je te l'assure. Seulement, cela demande une force mentale énorme, que tu as au fond de toi. Il te faut croire en toi et en ta capacité à respecter ta décision, ce qui, je sais, est technique, mais pas impossible. Si tu y arrives, tu seras alors inarrêtable par la suite. Es-tu prêt à relever ce challenge ?

Si n'utiliser que ta force mentale est trop complexe pour toi, ce qui ne signifie pas que tu es nul, mais seulement que tu ne te fais pas assez confiance pour réussir, tu peux utiliser la seconde méthode, plus simple à mettre en place, qui est de transformer ton plaisir en dégoût. En effet, être addict c'est être dépendant du ressenti comme nous l'avons vu, ressenti qui est un plaisir. Or, si tu transformes ce plaisir en dégoût, forcément tu n'auras plus envie de consommer cette substance ou de faire cette chose-là.

Donc, par exemple, si l'odeur du cendrier te dégoûte, au lieu de le jeter lorsqu'il est plein, sens son odeur. Sens jusqu'à ce que vraiment cela te dégoûte et visualise-toi en même temps en train de fumer. Dis-toi que ce dégoût que tu ressens, les autres le ressentent également lorsque tu fumes. Cela te créera sûrement un déclic. Mais ne te contente pas de le faire une fois, non, fais-le plusieurs fois, de manière répétée sur une période assez longue, jusqu'à ce que tu n'aies vraiment plus envie de fumer. Et alors, tu sortiras de ton addiction sans frustration et sans manque.

En parallèle, méditer se révélera extrêmement bénéfique également. En effet, toute envie de consommation d'une substance commence par une pensée. En méditant, tu apprendras alors à gérer tes pensées, à les modifier et à faire en sorte d'assimiler des pensées négatives à l'addiction. Cela t'aidera à t'en sortir plus facilement. D'autant plus que la drogue la plus puissante n'est rien d'autre que l'air. Oui, l'air est la drogue la plus puissante. C'est en apprenant à respirer et à te concentrer sur chaque inspiration et chaque expiration que tu pourras expérimenter les états de conscience les plus élevés et les plus puissants. En tant qu'ancien drogué, je te l'assure, l'air est la drogue la plus puissante. De cette substance tu es réellement dépendant, car l'air te permet littéralement de vivre. Ainsi, c'est la seule et unique chose dont tu as besoin pour te sentir bien. La seule chose qui devrait t'importer.

Par conséquent, voici le « plan », qui peut s'appliquer à n'importe quelle addiction, pour t'aider à t'en sortir. Comprends la raison de ton addiction, cherche ton pourquoi, crois en toi et décide, dès aujourd'hui, d'arrêter. Pour t'aider, tu peux également faire en sorte de transformer ton plaisir en dégoût, et bien évidemment méditer pour reprendre le contrôle de ton mental. Dès lors, tu sais comment arrêter, tu as toutes les clés en main, la question qui se pose maintenant est : souhaites-tu réellement arrêter ?

Peut-être que tu réussiras à arrêter complètement pendant plusieurs mois et que d'un coup, tu rechuteras. Cela a été mon cas. Je sais combien la rechute est difficile à vivre et à accepter, mais ne baisse pas les bras. Vois cela comme un nouveau challenge. Ne t'arrête pas en si bon chemin après tous les efforts que tu as déjà fournis ! Cherche à comprendre le scénario, l'événement, les personnes, les émotions qui t'ont amené à rechuter et fais en sorte de les changer. Si tu veux te sortir définitivement de ton addiction, il te faut vraiment prendre de la distance avec tes habitudes et de ton environnement afin de changer tes schémas de pensée. Cela n'est pas forcément définitif, mais fais-le au moins le temps que tu sois réellement sorti de ton addiction.

Quoi qu'il en soit, accepte cette rechute. Elle fait partie de ton combat. Cela ne signifie pas que tu as échoué, seulement qu'il faut continuer tes efforts. Si tu as réussi une première fois à arrêter, tu y parviendras une deuxième fois, puis une troisième fois et même une quatrième fois si besoin. Fais-toi confiance, si tu veux vraiment t'en sortir, tu trouveras le moyen d'y parvenir !

Ainsi, après la lecture de cette partie, j'espère que tu auras compris l'importance dans ton quotidien de tes habitudes, qu'elles te soient bénéfiques ou néfastes. Je n'ai pas cité toutes les bonnes habitudes à adopter et toutes celles qui te font du tort, car il y en aurait trop et tout dépend de toi et de ce que tu souhaites dans ta réalité. Néanmoins, j'ai cité celles qui sont les plus importantes et qui ont le plus d'impact dans ton quotidien.

Je sais que tu es bien dans ta routine qui t'est familière et que tu n'as pas vraiment envie d'en sortir. Cela est ton choix, ta responsabilité. Seulement si tu veux modifier ta vie et atteindre tes rêves, il va te falloir commencer par changer ton quotidien et pour cela modifier tes habitudes. Donc, si tu veux faire passer ta vie à un niveau supérieur, si tu veux vivre ENFIN la vie que tu mérites, qu'attends-tu ?

Adopte toutes ces habitudes qui te rendront plus productif, plus énergique, moins anxieux, moins affecté par les situations extérieures. Abandonne toutes ces habitudes qui puisent ton énergie, qui t'apportent un mal-être constant et qui détruisent ton corps. Mets en place une routine matinale et une routine du soir. Libère-toi de ces phrases autodestructrices et de ces addictions. Prends ta vie en main !

Mais, ne le fais pas demain, ni lundi prochain ou encore le mois prochain. Non. Débute maintenant ! Beaucoup trop de personnes attendent « le bon moment », que ce soit le début d'une nouvelle semaine, d'un nouveau mois ou encore d'une nouvelle année. Mais, si le déclic de changer ta vie se produit en cet instant, en cette journée, pourquoi attendre pour transformer ta vie ? Chaque jour compte, alors n'attends pas un jour de plus pour être heureux.

De même, chaque détail a un impact, alors accorde de la valeur à ces habitudes que j'ai partagées avec toi. Les grandes choses se bâtiront toujours à partir des petites. Tel un livre qui s'écrit page après page, une entreprise qui s'étend client après client, la maîtrise d'un domaine qui s'acquiert heure après heure, ta vie changera action après action. Alors, porte ton attention sur toutes ces petites choses qui construisent ton quotidien et qui font qu'aujourd'hui tu es là où tu es. Si tu veux changer ta vie, tu n'as pas besoin de gagner plus, d'avoir plus de temps ou encore de changer de lieu d'habitation. Peu importe toutes les excuses que tu te racontes, si tu veux changer ta vie il te suffit de le vouloir et d'être prêt à fournir les efforts nécessaires. L'es-tu ? Telle est la question.

Cela va être difficile, complexe et effrayant. Oui, c'est vrai. Sortir de sa zone de confort n'est facile pour personne, tout comme affronter ses peurs. Mais si certains le font et y parviennent, alors tu le peux aussi.

APPRENDRE À SE CONNECTER
À L'INSTANT PRÉSENT

« Hier appartient à hier
et demain n'existe pas.
La seule chose qui existe,
c'est ce qui se passe aujourd'hui,
là, ici et maintenant. »

APPRENDRE À SE CONNECTER À L'INSTANT PRÉSENT

Arrivé à ce stade de ta lecture, je pense que tu auras compris l'importance de ton mental sur ton bien-être et ta vie en général. En fait, notre mental n'est pas mauvais en soi, il nous permet simplement de survivre. Or si tu es en train de lire ces quelques lignes, c'est qu'il a réussi sa mission et donc qu'il est opérationnel. À partir de là, pourquoi vouloir changer cela ?

Le problème c'est que ton mental ne te permet que de survivre, alors que tu souhaites plus que cela : tu souhaites non seulement vivre, mais en plus vivre heureux. Par exemple, si tu t'approches d'un précipice, tu vas ressentir de la peur, ce qui est normal, car ton mental veut te protéger et t'éviter de tomber dans le vide, ce qui te serait fatal. Ton mental est donc là pour te protéger. Le problème se pose quand tu veux prononcer un discours devant un public, par exemple, et que ton mental perçoit cela comme une situation dangereuse. Dès lors, tu vas avoir le cœur qui bat vite, les mains moites, les pensées embrouillées, ce qui va rendre ta tâche plus compliquée alors qu'il n'y a aucun réel danger.

Il te faut donc reprendre le contrôle de ton mental, casser tes schémas de pensée et reprogrammer ton subconscient pour que ce soit toi qui utilises ton mental et non l'inverse.

Ainsi, que ce soit dans la partie sur les émotions, celle sur les relations, ou encore celle sur les habitudes, il n'y a pas une seule partie où nous n'avons pas mentionné l'instant présent, car il semble être LA clé à tous nos problèmes, le seul accès au bonheur. C'est du moins ce que je pense personnellement, ce que j'ai pu expérimenter et ce que j'espère tu expérimenteras.

En effet, en pensant à notre passé, nous ne pouvons pas être heureux, car soit nous en sommes nostalgiques, soit nous ressentons de la culpabilité ou de la souffrance en repensant à tous ces moments désagréables et toutes ces erreurs que l'on a pu commettre. De même, en pensant au futur, on ne peut que ressentir soit de l'anxiété face à l'inconnu et à l'incertitude de demain, soit de l'impatience, ce qui rend le moment présent fade.

Pourtant, le passé comme le futur ne sont que de simples représentations que l'on se fait. Le passé n'est jamais aussi bien, ni aussi horrible qu'on le pense, tout comme le futur. Nous déformons le passé au travers de nos souvenirs et perceptions, tout comme nous faisons des suppositions sur le futur qui se révèlent très souvent fausses. Le seul moment qui est réel et qu'il nous reste pour expérimenter la joie de vivre est le présent.

Je sais que l'expression « instant présent » peut te paraître abstraite pour le moment, que l'ici et le maintenant ne renvoient à rien pour toi. C'est normal. C'est normal parce que l'instant présent ne se raconte pas, ne s'explique pas, ne se théorise pas, mais se vit, s'expérimente et se ressent. Apprends à te concentrer sur ta respiration, apprends à méditer, à faire du yoga, et alors tu comprendras ce qu'est l'instant présent.

Aussi je tenterai, dans cette partie, d'expliquer du mieux que je peux ce qu'est l'instant présent, ce qu'il peut t'apporter au quotidien et comment t'y connecter, notamment en développant les pratiques de yoga et de méditation, mais le plus important restera ta pratique.

J'espère vraiment qu'après avoir lu cette partie, tu seras encore plus convaincu de l'importance de te reconnecter à l'instant présent et d'apprendre à mieux gérer ton mental. Et surtout, j'espère que tu débuteras une pratique méditative ou yogique, ou même les deux à la fois, car ce n'est pas pour rien que j'en parle si souvent : elles ont bouleversé ma vie.

L'INSTANT PRÉSENT

« Se connecter à l'instant présent, c'est vivre, tout simplement. »

Je vais tenter dans ces quelques lignes de te présenter ce qu'est l'instant présent, mais comme nous l'avons déjà vu, l'instant présent ne s'explique pas, il s'expérimente. Je te recommande vivement donc, à la suite de ta lecture, d'essayer de l'expérimenter afin d'avoir une idée plus concrète de ce que nous abordons ici.

Il faut savoir qu'il existe une multitude d'états de conscience, selon que l'on est plus ou moins conscient, mais on peut les regrouper en trois grandes catégories : la non-conscience, la conscience et pratyahara. La plupart des personnes sont dans la première catégorie c'est-à-dire la non-conscience.

Si c'est ton cas, cela est normal. Personne ne nous a appris à élever notre conscience et à faire taire notre mental. Cet état correspond donc au fait d'être constamment dans ses pensées, à ressasser des événements passés ou bien à anticiper le futur. C'est typiquement le cas d'une personne qui marche dans un parc et ne fait pas attention à la nature, aux personnes, aux odeurs et aux couleurs qui l'entourent.

Le deuxième état de conscience, qui est la conscience, est lui-même divisé en deux niveaux. Le premier est le fait d'être subjugué par ce qui se passe en face de soi, mais d'avoir tout de même des pensées qui interfèrent, des jugements, des explications, etc. Or avoir des pensées c'est forcément se souvenir de quelque chose ou anticiper un événement, ce qui n'est donc pas de la pure présence. Le second niveau est le fait d'observer, de contempler ce qui se passe sans pensées qui interfèrent. Tu es là, présent à ce qui est, connecté à cet instant.

Enfin, le dernier état, pratyahara, est un état que très peu de personnes expérimentent. Personnellement, je pense m'en être rapproché, mais cela est très subtil. Pratyahara c'est l'état de conscience où il n'y a plus d'attractions sensorielles, où tu es constamment centré sur toi-même et où rien de l'extérieur ne peut déranger cette paix intérieure que tu expérimentes. Tout vient de l'intérieur.

Ainsi, selon ta pratique, tu te trouves plus ou moins dans une de ces trois catégories. Néanmoins, même s'il y a de grandes chances pour que tu fasses partie de la première, tu as très probablement déjà vécu un état de présence. Cela a pu être dans le cas de situations extrêmement dangereuses par exemple, ces secondes qui te paraissent durer une éternité dès lors que tu vis un accident, ou encore ce moment où le temps semble se suspendre quand tu es subjugué par la beauté d'un coucher de soleil ou par le ciel étoilé. En fait, être présent c'est simplement être et observer ce qui est, sans jugements, ni critiques, ni pensées. Juste ressentir, écouter, toucher, regarder, sentir, sans chercher à comprendre ou à mettre des mots sur ce que l'on vit. En soi cela est simple, mais réussir à être présent demande une réelle pratique.

Je pense que tu connais maintenant les raisons pour lesquelles il est important de se connecter à l'instant présent, mais laisse-moi te les résumer en quelques lignes afin de clarifier une dernière fois ce point. En fait, vivre dans l'instant présent est indispensable parce que le moment présent est le seul qui existe. Si tu ne vis pas dans le présent, où vis-tu ? Dans le passé qui est terminé ? Ou bien dans le futur qui n'est pas encore là ?

Cela est vraiment dommage de passer à côté de toutes les belles choses que t'offre la vie en ce moment, parce que tu vis dans un moment qui n'existe plus ou pas encore. Donc, se connecter à l'instant présent c'est vivre, tout simplement.

De même, on dit souvent que nos problèmes proviennent de notre mental, et c'est vrai ! Lorsque tu te connectes à l'instant présent, tu expérimentes un véritable calme intérieur. Là, ici et maintenant, tout va bien. Dès que tu mets de côté tes regrets, ta culpabilité, ton anxiété et ta peur de l'inconnu pour te focaliser pleinement sur le moment présent, ton mental se tait et alors tu peux te connecter à cette joie intérieure.

Vivre l'instant présent est la clé du bonheur, et pour intégrer cela il faut que tu l'expérimentes. Je ne te dis pas d'être présent en chaque instant, bien que ce soit l'idéal, mais de t'y connecter le plus souvent possible. Cela m'arrive également de me perdre dans mes pensées et de me sentir mal. Je ne suis pas parfait, mais le plus important c'est que j'arrive à contrôler la durée de ce mal-être et à le diminuer toujours plus en changeant ma perception de l'événement et surtout en me reconnectant à l'instant présent. Je souhaiterais donc, pour ton bien-être, que tu puisses en faire autant.

Seulement, comment se connecter à l'instant présent ? Une astuce simple, claire et efficace est de te connecter à tes cinq sens. Imaginons que tu marches dehors et que tu souhaites t'ancrer dans le présent, alors commence par te connecter à ta respiration et écoute les bruits ambiants. Observe les couleurs, les formes, ce qui t'entoure. Sens les odeurs qui te parviennent, le vent sur ton visage et le soleil qui réchauffe ta peau. Prête attention aux goûts présents dans ta bouche, etc. Arrête-toi un instant et reconnecte-toi à tes cinq sens, sans juger, sans catégoriser, sans penser, ressens simplement et alors tu seras présent.

De même, pour t'ancrer davantage dans le présent, la spontanéité est une qualité vraiment importante. Ainsi, dès que tu as envie de faire ou de dire quelque chose, fais-le, dis-le, sans jugements, sans activer tes pensées, sans imaginer des scénarios, sans avoir peur du regard d'autrui, sans comparaisons. Simplement, agis et exprime-toi. Réussir à être spontané est une grande qualité, car non seulement tu es toi-même, mais en plus tu te libères de toutes ces pensées négatives sources de souffrance.

Ensuite, avoir une passion peut également grandement t'aider à expérimenter la présence. Si tu joues d'un instrument de musique, si tu dessines ou peins, ou effectues d'autres activités qui requièrent ta pleine concentration, alors tu as déjà expérimenté l'état de présence, peut-être même sans le savoir. Tu sais, ce moment où tu ne penses à rien, où tu es pleinement focalisé sur ce que tu fais et où le temps semble ralentir étrangement tout en défilant à une vitesse folle. Tu sais, ce moment où plus rien à l'extérieur ne compte et où tu n'écoutes plus tous les bruits extérieurs comme intérieurs. Ce moment où tu crées, où tu t'exprimes, où tu es présent, simplement. C'est cela ce qu'on appelle l'état de présence.

Enfin, deux pratiques, et non des moindres, t'aideront particulièrement à te connecter à l'instant présent. Tu te doutes probablement desquelles je veux parler : la méditation et le yoga. Ces deux pratiques, en t'amenant à te focaliser sur ta respiration et à te recentrer sur ton corps et ton mental, t'ancrent dans le présent et t'aident à développer cette capacité à y rester connecté en permanence.

LE YOGA

« Le but du yoga est simplement que tu sois dans ton corps à travers la présence que tu y déplaces. »

Le yoga est une pratique que j'affectionne tout particulièrement parce qu'elle réunit le corps, l'âme et l'esprit. Je l'ai expérimentée, apprise, approfondie au cours de formations, de retraites, de stages et je suis devenu professeur de yoga afin de pouvoir enseigner à mon tour ce qu'est le yoga, ce qu'il peut nous apporter et comment le pratiquer. À l'heure actuelle, nous entendons beaucoup de personnes parler de yoga, mettre des photos de postures complexes sur les réseaux sociaux ou encore filmer leurs séances, pourtant le yoga reste tout aussi mal connu que lorsqu'on en parlait très peu. Pourquoi ? Parce que le yoga n'est pas que des postures complexes esthétiques, ce n'est pas une pratique réservée aux femmes ou encore aux personnes perchées. Ce n'est même pas un enchaînement de postures. Le yoga c'est bien plus que cela.

Sans entrer dans les détails de sa provenance, de son origine et de ses fondements, il faut comprendre que le yoga est une pratique accessible à TOUS, peu importe ton âge, ton sexe, ta religion, ta condition de santé, ton niveau de souplesse, etc. Le yoga est une philosophie de vie beaucoup plus générale qu'une simple pratique sportive, qui prône le nettoyage du corps par les « asanas », les enchaînements de postures. Ainsi, pour ne retenir que l'essentiel, le but du yoga est simplement que tu sois dans ton corps à travers la présence que tu y déplaces.

Les bienfaits que procure cette pratique sont donc nombreux et non négligeables. Néanmoins, le mieux n'est pas que tu me croies, mais bien que tu l'expérimentes. En te reconnectant à ton souffle à tes sensations physiques, à tes ressentis, le yoga te permet une réelle prise de conscience de ton corps. Il t'apprend à l'écouter et à le respecter, à en prendre soin. Mais plus que cela, le yoga te procure une réelle relaxation, il détend chacun de tes muscles les uns après les autres, en alternant travail en profondeur et relaxation. Aussi, après une séance, tu peux être davantage détendu et libéré du stress, tout comme tu peux être empli d'énergie pour ta journée selon la pratique que tu as effectuée.

Le yoga te permet également de maintenir, voire d'améliorer si tu en as besoin, ta condition physique en mettant en mouvement ton corps, en travaillant tes muscles de façon douce mais tonique et en étirant chaque partie de ton corps. Très bénéfique pour les maux de dos, le yoga peut t'aider à réduire tes courbatures tout en rendant ton corps tonique et souple. Sans compter qu'en t'amenant à tendre les bras vers le ciel, à te redresser et à ouvrir ta cage thoracique, cette pratique influe sur ta confiance en toi en modifiant ton aspect extérieur. Aussi, sans même te parler de la circulation des énergies, le yoga est une pratique vraiment bénéfique sur tous les plans : mental, physique, spirituel.

Enfin, bien évidemment, le yoga permet de te reconnecter à l'instant présent. Là, sur ton tapis, concentré, attentif à étirer certains muscles et à en contracter d'autres, au rythme de ta respiration, tu n'es plus ni dans le passé ni dans le futur, mais tu es là, ici et maintenant. Que tu pratiques un yoga très doux ou assez dynamique, bouger ton corps au rythme de ta respiration te permet de te reconnecter au moment présent pour prendre du recul et percevoir ta réalité telle qu'elle est et non pas telle que tu la perçois.

Peut-être que tu te demanderas alors comment pratiquer le yoga ? Et face à cette interrogation, si tu souhaites intégrer cette pratique dans ton quotidien, je te recommande vivement, au moins dans un premier temps, de te rapprocher de professionnels. Simplement parce que le yoga nécessite quelques bases d'anatomie pour se placer dans les bonnes postures. Sans professeur, si tu débutes le yoga, tu risques de te blesser, non pas que le yoga soit dangereux, loin de là, mais il est important d'apprendre à effectuer les postures correctement et à être dans de bons alignements pour n'en retirer que des bénéfices.

Ainsi, un professionnel pourra venir te corriger jusqu'à ce que tu saches bien les réaliser en autonomie. Si cela t'intéresse, j'ai créé des cours de yoga, en ligne, afin que tu puisses pratiquer de chez toi tout en ayant un professeur pour t'apprendre, te guider et t'indiquer les pièges à éviter, à ton rythme. J'organise également régulièrement des cours en présentiel notamment à Paris. Mais tu peux aussi t'inscrire à des cours en salle, opter pour un professeur particulier, suivre des vidéos sur YouTube ou encore pratiquer à l'aide de livres.

Les supports ne manquent pas aujourd'hui pour te guider dans ta pratique. En revanche, s'il y a une règle d'or à partager et à ne pas oublier, ce serait celle-ci : tu dois écouter ton corps.

Une posture ne doit jamais faire mal. Jamais. Certes, elle peut être inconfortable, mais JAMAIS douloureuse. Je tiens à insister sur ce point pour éviter que tu te blesses. Sois toujours à l'écoute de ton corps, car lui seul sait ce qui est bon pour toi. Peu importe si tu n'arrives pas à effectuer la posture en entier, l'important n'est pas là.

La performance, tout comme la comparaison, est absente de la pratique yogique. Le but n'est pas d'aboutir à des postures complexes qui demandent force et souplesse, le but est simplement de te reconnecter à ton corps et à l'instant présent. Aussi, si tu n'arrives pas à effectuer une posture jusqu'au bout, ne te juge pas et surtout ne force pas. Auquel cas, tu irais contre le principe même du yoga.

Ainsi, si tu fais du yoga une pratique quotidienne, elle te sera d'une grande aide. Elle t'aide à te relaxer et à garder un corps tonique, c'est une pratique complète, qui réunit à la fois l'aspect mental, physique et spirituel.

Pratiqué le matin pour un regain d'énergie, ou bien le soir pour la relaxation, le yoga deviendra ton allié.

LA MÉDITATION

« En modifiant ton monde intérieur,
c'est tout ton monde extérieur
que tu modifies. »

À l'instar du yoga, la méditation souffre également de préjugés. En effet, dès lors que l'on parle de méditation, la plupart des personnes visualisent un moine bouddhiste, assis en lotus, qui ne pense à rien pendant des heures. Cela n'est pas forcément faux, mais la méditation est bien plus que cela. En fait, la méditation c'est simplement se connecter à l'instant présent en déplaçant son attention sur un point bien spécifique qui peut être la respiration, le centre du front, le mouvement corporel, etc. Évidemment, en tant qu'être humain, notre cerveau ne fait que penser continuellement et d'une manière concrète il nous est donc impossible de ne pas penser.

Cependant, en déplaçant notre attention ailleurs que sur nos pensées, nous avons cette sensation de ne plus penser. Tout comme quand tu regardes le ciel et que tu es pleinement focalisé sur lui, tes pieds ne semblent plus exister par rapport à ta vision, en déplaçant ton attention ailleurs, tu ne prêtes plus attention à toutes ces pensées, ce qui te donne l'illusion de ne plus en avoir. Ainsi, dès qu'une pensée arrive, accepte-la et laisse-la passer pour revenir par la suite à ta respiration.

La méditation est simple en soi. Elle ne nécessite rien d'autre que toi. Pas de matériel particulier ni d'endroit spécifique, seulement toi, te concentrant sur un point spécifique et tentant d'espacer chacune de tes pensées. Sauf que cela se révèle bien plus compliqué qu'on ne l'imagine. C'est là tout l'intérêt de la méditation : t'apprendre à désencombrer ton mental.

Quels sont les bienfaits de la méditation ? Il y en a une multitude ! Le premier étant, bien évidemment, de se reconnecter à soi et à l'instant présent pour se désidentifier de ses pensées. En faisant cela, tu expérimenteras un réel bien-être puisque tu ne te focaliseras plus sur tes problèmes (causés par ton mental). Ainsi, non seulement tu réduiras ton niveau de stress et d'anxiété, mais tu développeras également ta concentration et ta clarté d'esprit, tout en te libérant de tes croyances limitantes. Par la suite, dès qu'un événement se passe mal et que tu commences à perdre tes moyens, que tu te sens submergé, tu sauras te calmer, respirer et te recentrer sur toi, afin de savoir comment réagir au mieux pour faire face à la situation.

De plus, comme nous l'avons vu dans la première partie de ce livre, la méditation deviendra ton alliée parce qu'elle t'aidera à prendre du recul et à mieux gérer tes émotions. Sans aucune exagération, cette pratique a littéralement changé ma vie et je pense sincèrement qu'elle peut en faire de même pour toi. Car en modifiant ton monde intérieur, c'est tout ton monde extérieur que tu modifies également. En apprenant à mieux gérer tes émotions, c'est toutes tes relations que tu transformes. En apprenant à t'écouter, c'est tous tes choix que tu changes. Bref, la méditation est bien trop souvent sous-estimée. Certes, elle permet de réduire ton stress, de booster ton système immunitaire, ou encore de développer ta concentration, mais bien plus que cela, c'est toute ta vision de la vie qu'elle bouleverse.

Cependant, si les bienfaits de la méditation sont nombreux, n'attends pas de les expérimenter. Autrement dit, n'en recherche pas les bienfaits, car plus tu seras dans l'attente de résultats, moins tu en auras. Comprends que la méditation est un processus, un voyage. Tu ne peux donc échouer à partir du moment où tu essaies, mais tu ne peux également en attendre des résultats précis à un moment donné. Ainsi, je préfère te prévenir ici, si tu débutes la méditation dans l'attente de quelque chose, tu risques fortement d'abandonner, car les bienfaits de la méditation se trouvent justement dans la non-attente. La méditation prend du temps et tu te rendras compte des bienfaits de cette pratique par la suite en pratiquant avec discipline. Sois patient, sois bienveillant.

Comment pratiquer la méditation ? De même que pour le yoga, il est difficile de t'expliquer comment méditer en quelques mots, néanmoins il y a quelques principes que j'aimerais partager avec toi. Tout d'abord, je te conseille de méditer vingt minutes tous les jours et de ne pas descendre en dessous de ce temps, car certains états de conscience prennent du temps pour être atteints. Le mieux est de t'asseoir en tailleur par terre, le dos droit, de fermer tes yeux pour revenir à toi et de respirer par le nez afin de mieux ralentir ta respiration.

Une première étape peut être de te concentrer sur le triangle entre tes deux narines et le haut de ta lèvre. Ressens le toucher de l'air qui caresse tes narines quand tu inspires et quand tu expires et focalise-toi sur ce point d'attention. Dès qu'une pensée arrive, accepte-la et laisse-la passer avant de revenir à ta respiration. Là, tu médites. Et chaque fois que tu prends conscience d'être parti dans tes pensées, au lieu de te juger et de penser que tu es nul, reviens simplement à ta respiration. C'est là le cœur même de la méditation : avoir connaissance du fonctionnement de ton mental, et cela, tu y as accès par tes pensées qui te traversent durant une séance de méditation.

Par la suite, tu pourras expérimenter d'autres façons de méditer, totalement différentes, qui t'amèneront à divers états de conscience et ressentis.

Là aussi, tu peux trouver des formations, des vidéos, des livres ou encore des applications gratuites ou payantes pour te guider dans ta pratique. Je propose également une formation réunissant toutes les bases et les clés nécessaires, mais aussi des techniques avancées, pour que tu découvres, apprennes et approfondisses cette pratique afin que par la suite tu puisses méditer en toute autonomie.

Je le répète encore, car c'est par la répétition que l'on intègre réellement les choses : tous tes problèmes proviennent de ton mental. C'est toi qui décides de te laisser affecter ou non par tel événement. C'est toi qui décides de percevoir ou non cette situation comme étant un problème à résoudre. Là, ici et maintenant, en cet instant, tout se passe bien.

Il te suffit d'apprendre à te connecter à l'instant présent à travers la méditation afin de te reconnecter à cette joie et à cette paix intérieures. Sache que si les études sur cette pratique se multiplient aujourd'hui afin d'en montrer tous les bienfaits, ce n'est pas pour rien. La méditation peut réellement avoir un impact sur tout ton quotidien et modifier ta vie.

Je te propose donc de tester cette pratique durant un mois. Un mois de méditation où tu médites chaque jour au minimum vingt minutes. Puis, à la fin de ce mois, tu fais un bilan. Cela te permettra non seulement de découvrir la pratique, mais aussi de voir si tout ce que je te dis s'applique à toi ou non.

Et si vingt minutes de méditation changeaient ta vie ? Est-ce que tu prendrais le risque de te lancer dans cette pratique ?

Par conséquent, si je ne cesse de te présenter l'instant présent comme étant la clé de nombreux problèmes, cela n'est pas pour rien. L'instant présent est neutre. Il n'est ni positif ni négatif, il est, simplement. Et si, au lieu de toujours t'inquiéter du futur et ressasser le passé, tu profitais du seul moment sur lequel tu as un pouvoir : le moment présent ? Et si tu arrivais à trouver cette paix, cette joie interne en te reconnectant à ton intérieur, le monde et ta vie ne changeraient-ils pas ?

Je sais que la notion d'instant présent peut paraître abstraite, lointaine, voire inaccessible. C'est pourquoi je tenais à partager deux pratiques qui, en plus d'apporter énormément de bienfaits à ta vie en général, t'apprennent à te reconnecter à l'instant présent. Ces deux pratiques sont vraiment très importantes à mes yeux et j'espère sincèrement que tu les expérimenteras pour voir ce qu'elles peuvent t'apporter. Mets tes préjugés de côté et teste simplement par curiosité pour voir ce qu'elles peuvent t'apporter.

Puis, l'idéal est de te reconnecter à l'instant présent non pas seulement durant ta pratique du yoga ou de la méditation, mais bien le plus souvent possible afin de vivre réellement ta vie.

ATTEINDRE SES RÊVES

« Un rêveur qui passe à l'action
dans la direction de ses rêves,
c'est une personne qui a la capacité
de changer l'impossible en possible. »

Quel est ton rêve ? Prends un instant. Pose ce livre. Respire profondément et demande-toi : « Quel est mon rêve ? » Pas celui de tes parents, pas celui de ton conjoint, pas celui de tes amis, pas celui de la société, non, le tien. Celui qui fait battre ton cœur, celui qui t'emplit d'énergie, celui qui t'inspire. Quel est ton rêve ? Je ne parle pas non plus de ce petit objectif que tu t'es donné, non, ton rêve, le grand, celui que tu fuis et repousses toujours au lendemain.

Imagine-toi, un instant, dans un autre monde où tout serait possible. Que ferais-tu ? Qui serais-tu ? Visualise ta journée idéale dans ce monde sans limites. Ce que tu visualises en cet instant c'est ton rêve. Et même s'il te paraît irréalisable dans ta réalité actuelle, avec de bonnes stratégies, de la détermination et des efforts, tu parviendras à le matérialiser, car tout est possible si tu y crois. Alors, n'aie pas peur de rêver grand. Ose y croire et donne-toi les moyens d'y parvenir. Ne nous moquons pas des rêveurs, ne les dénigrons pas, bien au contraire, car ce sont eux qui innovent et font avancer le monde.

Sache que ce rêve t'appartient. Alors, n'essaie même pas de le faire comprendre aux autres, auquel cas ils risqueraient de te dire que c'est impossible. Toi, tu sais au fond de toi qu'il y a un pourcentage, aussi petit soit-il, de probabilités que tu réussisses et c'est tout ce qui compte. C'EST POSSIBLE. Et si les autres n'y croient pas, c'est parce que ce n'est pas leur rêve, leur histoire, leurs expériences. Ainsi, travaille, persévère, relève-toi à chaque échec, mais surtout prends confiance en toi et crois-y, car si tu n'y crois pas, personne n'y croira à ta place. Tu as le potentiel pour y parvenir, tu as le talent nécessaire pour réussir, alors passe à l'action. Ton rêve n'attend que toi. Pas demain, pas la semaine ni le mois ou l'année prochaine. Non. Agis maintenant.

Oui, cela va être difficile et inconfortable. Oui, cela va demander des sacrifices. Oui, tu vas douter, avoir peur, être fatigué, avoir envie d'abandonner, je ne nie pas cela. Matérialiser son rêve c'est compliqué, mais tu sais quoi ? Si ton rêve t'inspire au plus profond de toi, tu peux surmonter toutes ces difficultés, parce qu'être inspiré c'est avoir de l'énergie en continu. Parce qu'être inspiré c'est avoir trouvé sa mission de vie, c'est avoir trouvé un but à sa vie, c'est avoir trouvé ce qu'on peut apporter au monde, et ça, ça n'a pas de prix. Donc, prends l'habitude de ne jamais abandonner, prends l'habitude de te relever à chaque échec, prends l'habitude d'apprendre de tes erreurs. Ainsi, tu peux être sûr que tu atteindras tes rêves. Car quoi que tu débutes, quoi que tu vises, tu y parviendras si tu crois en toi, si tu y travailles chaque jour et si tu persévères. Ceux qui échouent sont ceux qui abandonnent trop tôt.

Donc, là, en cet instant présent, tu as le choix : soit tu décides de TOUT mettre en œuvre pour atteindre ton rêve, soit tu décides de rester dans la vie que tu as actuellement. À toi de faire ton choix, mais ne reste pas indécis à te plaindre de ta situation. Si tu fais le choix de rester dans ta vie actuelle, il n'y a aucun mal à cela, seulement ne viens pas te plaindre par la suite ou te comparer à ceux qui ont réussi, car ceux-là auront eu le courage de choisir l'autre direction.

Aussi, après avoir abordé notre mental, nos relations, nos habitudes, et l'importance de l'instant présent, nous attaquons dans cette dernière partie, non moins importante, les rêves. Car notre point commun à tous, peu importe notre sexe, notre âge, notre nationalité ou encore notre religion, c'est de vouloir être heureux, ce qui passe notamment par le fait de vivre une vie qui nous inspire, de vivre la vie de nos rêves. Aussi, dans cette longue et dense partie, nous aborderons tout ce qui est objectifs, rêves et buts. Comment les trouver, mais aussi et surtout comment les atteindre, comment rester motivé, comment apprendre de ses erreurs, etc.

Prêt à débuter cette aventure ?

TROUVE TON RÊVE

« Tu dois connaître ta destination pour aller dans la bonne direction. »

Le premier point primordial est de trouver ton rêve. Parce que cette longue partie aura pour but de partager avec toi tous mes conseils et clés afin d'atteindre ton rêve, mais comment atteindre quelque chose que tu ne connais même pas ? Cela risque d'être quelque peu compliqué. C'est comme si tu souhaitais te rendre à un endroit, mais que tu ne savais pas où précisément.

Néanmoins, je tiens à te rassurer sur ce point, si tu ne sais pas vraiment quel est ton rêve à l'heure actuelle, cela n'est pas grave. L'important est que tu en prennes conscience pour y réfléchir. Beaucoup de personnes sont dans ce cas et c'est pourquoi j'ai décidé de dédier un chapitre à ce sujet.

En effet, si certaines personnes savent, dès leur plus jeune âge, ce qui les passionne et ce qu'elles veulent absolument faire, d'autres n'en ont jamais eu une idée précise, simplement parce qu'elles ne se sont jamais posé la question. D'autres encore ont su à un moment donné ce qu'elles souhaitaient accomplir, mais ont évolué, ont vieilli et aujourd'hui se retrouvent perdues, sans idée claire de ce qu'elles voudraient. Peu importe ton cas, si tu as l'impression de ne pas avoir de rêve ou que tu en as une idée, mais très vague, les conseils partagés dans ce chapitre sont faits pour toi et t'aideront à y voir plus clair.

Si tu ne sais absolument pas d'où partir, pars de quelque chose de général, de vague, de flou. L'important va être par la suite de le préciser toujours un peu plus. Par exemple, je pense ne pas me tromper en disant que ton objectif est d'être heureux. De même, je ne pense pas me tromper en avançant que tu es heureux quand tu fais quelque chose que tu aimes. Partant de là, il te faut réfléchir à ta passion, à ce que tu aimes, à ce qui est important pour toi. Mais qu'est-ce qu'une passion ? Une passion c'est simplement quelque chose qui est chargé en émotions. Donc, pour te guider davantage, tu trouveras tes passions en prenant conscience des activités qui te font ressentir des émotions, peu importe ce que c'est.

En fait le problème c'est que l'on a des préjugés sur ce qu'est une passion. Une passion serait la musique, le dessin, la danse ou encore le sport, mais en fait, une passion c'est beaucoup plus large que cela. Tu peux être passionné par le fait d'apprendre par exemple, passionné par l'observation de paysages, passionné par le fait d'aborder des inconnus, etc. Une passion n'est pas forcément reliée à quelque chose de physique, c'est simplement quelque chose qui te fait ressentir des émotions, qui te rend vivant, qui t'amène à expérimenter la joie intérieure.

Donc, ne cherche pas ta « passion », mais bien cette chose qui résonne en toi, cette chose qui est chargée en émotions. Cette recherche peut prendre du temps. Certains auront la réponse tout de suite, d'autres devront attendre quelque temps. Ne te force pas à avoir la réponse, là, tout de suite, en lisant ces lignes, mais laisse-toi plutôt le temps d'y réfléchir. Laisse-toi le temps de voir des réponses émerger.

Puis, une fois que tu auras une idée de ce qu'est ta passion, pratique-la de manière répétée et intensive sur une longue période. Parce que des choses chargées en émotions pour toi, il y en a sûrement plusieurs. En revanche, une chose chargée en émotions que tu es capable de faire de manière répétée et intensive sur une longue période tout en continuant à y prendre du plaisir, il y en a beaucoup moins.

Donc si, au bout de cette période, cette chose résonne toujours en toi, alors tu peux dire que tu as trouvé ta passion.

Pour aller plus loin, voyons d'autres conseils pour que tu trouves ce qui donne un sens à ta vie. La première chose à faire, primordiale, est simplement d'y réfléchir. Plus tu penseras à ta vie rêvée et tu seras clair sur tes objectifs, plus tu auras de probabilités de les atteindre. Et pour cela, rien de magique, il faut prendre le temps d'y réfléchir.

Donc, prends un instant, chaque jour, pour te poser, prendre du recul et te demander « Qu'est-ce qui est important pour moi ? », « Quelle est la vie que je veux expérimenter ? ». Passe du temps seul, à te questionner, à observer ton quotidien afin de voir ce qui te rend joyeux et ce qui t'apporte de l'énergie et note tout cela sur une feuille. Écris-y dans quel environnement tu souhaiterais vivre, avec quelles personnes autour de toi, en faisant quelles activités, etc. Plus tu seras clair, plus tu seras capable d'y ajouter des détails et plus tu augmenteras tes chances de matérialiser cette vie.

Donc, fais cela le plus souvent possible et chaque fois tente d'être un peu plus précis sur ta vision. Au début, tu risques de te retrouver devant ta feuille blanche, sans savoir quoi écrire. Inscris alors « bien-être », par exemple, au centre de la feuille, et cherche ce qui te rend heureux à l'heure actuelle, puis dessine des flèches, note ce que tu aimes, tes talents, les personnes qui te sont chères, etc.

Dans tous les cas, ne crois pas que tu vas découvrir ton rêve, ta mission de vie comme cela, du jour au lendemain. Non. C'est moment après moment, jour après jour, mois après mois que le projet s'affine. C'est un processus et non un but en soi. Tu vas t'en rapprocher, puis ton projet évoluera un peu ou même beaucoup et c'est OK.

L'important ce n'est pas ce que tu fais, ce que tu accomplis, mais le bien-être que tu ressens intérieurement. Pour cela, c'est à toi de faire le cheminement, de prendre le temps de te questionner et de chercher les réponses à ces questions. Le seul prérequis est que cette mission de vie te rende joyeux et énergique. Elle doit t'inspirer et te donner envie de te surpasser, mais elle doit aussi être reliée aux autres. Car une mission de vie c'est faire quelque chose qui nous inspire de l'intérieur dans le but de nourrir les autres.

Parallèlement au fait de prendre du temps pour y réfléchir, teste de nouvelles choses, car tu ne peux pas vraiment savoir ce que tu aimes et ce que tu n'aimes pas tant que tu ne l'as pas fait. Certes, tu peux avoir un avis et faire des suppositions, mais tu ne le sauras jamais réellement si tu ne l'expérimentes pas. Donc, affronte tes peurs, expérimente de nouvelles expériences, teste et rencontre des personnes. Cela te fera non seulement évoluer, mais en plus te permettra d'apprendre à mieux te connaître et de savoir ce qui te plaît vraiment.

Enfin, dans la continuité du point précédent, voyage le plus possible. En voyageant, tu te confronteras à d'autres cultures, à d'autres vies, à d'autres systèmes de pensée et tu apprendras énormément sur qui tu es, ce que tu veux et ce que tu ne veux pas dans ta vie. Voyager bouleverse toutes tes croyances et ton conditionnement mental. Il n'y a pas mieux pour te connecter à ce qui te fait réellement vibrer, car tu seras libéré de toutes les injonctions qui pèsent sur toi.

Ce qu'il faut donc retenir ici, c'est que ce n'est pas en restant dans ta routine, avec les mêmes habitudes que tu pourras savoir ce qui te plaît vraiment. Si, à l'heure actuelle, tu ne sais pas quelle est ta mission de vie en ayant ces habitudes et ces schémas de pensée, ce n'est pas en agissant de la même manière que la réponse va émerger, bien au contraire.

Enfin, si des personnes de ton entourage te disent que « tu penses toujours à la même chose », que « tu fais trop de... », et que peu importe avec qui tu es et où tu es, tu n'as qu'une envie c'est de continuer cette activité, c'est probablement que tu es sur la bonne voie. Parce que tu ne comptes pas tes heures, parce que tu n'as pas besoin de week-ends, parce que tu te moques du résultat, que tu sois payé ou non, que tu sois reconnu ou non, tu apprécies simplement cette activité pour ce qu'elle est.

C'est ça, à mon sens, une mission de vie, une passion. Et alors, tu pourras transformer cette activité à laquelle tu es addict en style de vie afin d'être payé pour l'effectuer : tu incarneras, ainsi, ta mission de vie. Tu seras non pas sur LA bonne voie, mais sur TA bonne voie et c'est tout ce qui compte.

Le problème, aujourd'hui, c'est que les personnes ont peur de se tromper et pour cause, les personnes qui se cherchent et testent beaucoup de choses sont jugées instables. Aussi, tu as envie de tenter quelque chose comme un nouveau travail ou de débuter une nouvelle activité, mais tu n'oses pas, car tu ne sais pas si cela va te plaire. Face à cela, je n'ai qu'une réponse : fonce. Car c'est justement en testant que tu apprendras davantage à te connaître. Ce n'est pas grave si tu te lances dans une direction qui finalement ne te correspond pas, ce n'est pas grave si des personnes te disent instable. Tout cela t'aura apporté une expérience et des connaissances.

Personnellement, je préfère tester différentes directions durant quelques années pour enfin trouver ce qui m'inspire profondément et y dédier ma vie, plutôt que de choisir définitivement une voie pour me rendre compte, plusieurs années plus tard, que ce n'était pas la bonne voie pour moi. Et toi, que préfères-tu ?

Aussi, cherche ton rêve, cherche ce qu'est pour toi une vie rêvée et n'aie pas peur d'échouer. L'important est de passer à l'action une fois que tu as une idée en tête. Crois-moi, dès lors que tu donnes un sens à ta vie, c'est toute ton existence qui change. Car alors, tu te lèves chaque matin motivé en sachant ce que tu vas accomplir dans la journée et en étant prêt à affronter tous les challenges auxquels tu seras confronté. Puis tu te couches chaque soir, fier de ta journée, en ayant hâte d'être au lendemain pour continuer ce que tu fais.

Ce que tu expérimentes au quotidien, mais aussi tes résultats seront complètement différents, parce que tu le feras avec ton cœur, en étant inspiré et motivé. Donne un sens à ta vie dès maintenant en trouvant ce qui te fait vibrer.

CHANGE TA SITUATION

« Sors de ta zone de confort,
va affronter l'inconnu
et vis ta légende personnelle. »

Maintenant que tu as trouvé ton rêve, ou du moins que tu as choisi une direction vers laquelle te diriger, il faut faire en sorte de t'y rendre, afin de transformer cette passion, ce rêve en style de vie, c'est-à-dire en vivre. Pour cela, il va te falloir passer par une étape inconfortable, difficile et effrayante, mais nécessaire : changer ta situation.

Tu l'auras deviné, j'entends par « changer ta situation » le fait de quitter ton travail pour te lancer dans ce projet qui t'inspire. Alors attention, si tu aimes ton travail, que celui-ci t'inspire, te donne de l'énergie et t'épanouit, ne le quitte pas. Ce chapitre s'adresse principalement aux personnes qui expérimentent un mal-être au travail, qui n'aiment pas ce qu'elles font au quotidien et qui n'attendent qu'une chose : le week-end et les vacances. Si c'est ton cas, il est temps de changer ta situation.

En fait, c'est de la pure logique. Tu ne peux pas être pleinement heureux si tous les jours tu travailles sept heures dans quelque chose que tu n'aimes pas et qui te fait expérimenter un mal-être. Cela ne vient pas forcément du travail en lui-même, ça peut être dû à l'ambiance par exemple, ou à tes collègues, ou encore à ton patron. Mais peu importe l'élément qui t'amène à ressentir un mal-être au travail, fais en sorte de le changer. Détermine clairement le problème et agis dessus.

Si jamais tu en viens à la conclusion que tu serais plus heureux en changeant de travail, alors tu risques d'avoir peur et de te demander comment faire. Je sais que c'est compliqué, je sais que tu as des factures à payer, voire des crédits, je sais que tu dois nourrir ta famille, je sais que c'est effrayant de quitter quelque chose que tu connais pour l'inconnu, mais prends confiance en toi. Quand tu es sur la bonne voie, la vie t'aide et te guide. Ne laisse pas cette peur du futur t'emprisonner. Il existe toujours une solution et tu sauras la trouver pour parvenir à matérialiser ton rêve. Qu'est-ce qui te dit que ta nouvelle activité, que ton projet ne vont pas fonctionner ? Rien, alors sors de ta zone de confort, va affronter l'inconnu et vis ta légende personnelle !

Il est temps d'arrêter de te plaindre de ce travail qui ne te convient pas et de cette situation qui t'apporte un mal-être quotidien. Il est temps de prendre ton courage à deux mains et de devenir enfin acteur de ta vie. Et si jamais tu ne peux pas arrêter de travailler pour te lancer dans ton projet, qu'est-ce qui t'empêche de débuter ton activité à côté de ton travail le soir, les week-ends et les vacances ? Je sais que c'est fatigant de travailler encore après une journée de travail, mais la question est : est-ce que dans cinq ans, voire dix ans, tu auras toujours envie de faire ce travail qui ne te correspond pas ? Si la réponse est non, alors tu vas devoir fournir les efforts nécessaires pour changer ta situation.

En toute honnêteté, qu'est-ce qui est le plus important pour toi, l'argent gagné à la fin du mois ou ce que tu ressens en chaque instant ? Détermine ta priorité : l'argent ou ton bonheur ? De là découlera ta décision. Mais sache que quitter ton travail n'est pas dangereux, c'est effrayant, certes, mais pas dangereux. Alors, sois courageux et ose te lancer dans ce projet qui te tient à cœur. Crois-moi, tu ne le regretteras pas. Cela risque d'être difficile au début, mais avec de la persévérance tu réaliseras que tu pourras obtenir tout ce que tu souhaites.

Alors, tu n'auras plus besoin ni de week-ends ni de jours de congé, car c'est toi qui auras construit ta réalité et celle-ci t'épanouira. Ne sois pas cette personne qui reste dans sa routine par peur. Deviens celui qui ose, qui entreprend, qui est courageux et qui par la suite inspire les autres à faire de même.

N'ABANDONNE PAS !

« Quoi qu'il arrive, crois en la vie,
crois en demain, crois en tout ce que tu fais,
mais surtout, crois en toi. »

Comme tu le sais sûrement, dès lors que l'on débute un projet, la motivation que l'on ressent est énorme et heureusement, car si l'on n'était pas motivé ce serait signe que l'on n'est pas sur la bonne voie. Seulement, comme tu en as déjà sûrement fait l'expérience, la motivation n'est pas quelque chose de continu, même lorsque l'on parle de rêve et de mission de vie.

Dans les premiers temps, l'excitation de débuter quelque chose de nouveau et la fierté d'oser se lancer nous animent. Nous sommes alors remplis d'espoir pour un avenir meilleur. Mais les semaines, les mois, voire les années passent, les difficultés arrivent, les doutes s'installent et les jours sans motivation deviennent de plus en plus nombreux, d'autant plus que les résultats ne sont pas forcément visibles ou, du moins, pas à la hauteur des espérances. Et là, que font la plupart des personnes ? Elles abandonnent. Elles baissent les bras. Elles se trouvent des excuses pour ne pas continuer. Je vais donc faire en sorte de te donner les clés pour que toi, tu ne fasses pas partie de ces personnes, pour que toi, tu ailles au bout de ton projet, pour que toi, tu sois un gagnant.

En fait, la motivation n'est ni plus ni moins qu'une ressource que l'on utilise pour avancer et faire ce que l'on doit faire. Sauf que, comme la motivation n'est pas continue, pour ne pas baisser les bras, il va falloir trouver d'autres types de ressources que l'on pourra mobiliser à la place de la motivation pour continuer à avancer quoi qu'il arrive. Pour cela, il y a un mot, très puissant, qui t'amènera à être inspiré et à vouloir avancer coûte que coûte : le « pourquoi ». Trouver ton pourquoi est primordial pour ne pas abandonner, alors réfléchis-y sérieusement. Pourquoi est-ce que tu veux faire ce projet ? Qu'est-ce qui te motive au plus profond de ton être ? Qu'est-ce qui t'inspire ? Pourquoi es-tu prêt à affronter toutes ces difficultés ? Pourquoi ?

Ce « pourquoi », il n'y a que toi qui puisses le trouver, mais je peux t'assurer qu'une fois qu'il sera clair dans ta tête, ce sera une ressource très puissante pour retrouver ton énergie et continuer à avancer peu importe les difficultés et les doutes. Pour te guider davantage dans ta recherche du pourquoi, voici le test des quatre M – *Money, Meeting, Mastering, Movement.* Il s'agit simplement de te demander laquelle de ces quatre grandes motivations « égoïstes » – argent, relations, statut, mouvement – te donne le plus d'énergie rien qu'en y pensant. Ainsi, imagine quelqu'un avec une belle et grande maison, une voiture de luxe, une piscine, des vêtements de marque, etc., puis une autre entourée constamment de personnes avec des relations de qualité. Ensuite, visualise une personne célèbre, sur qui les gens se retournent dans la rue et enfin une dernière personne totalement indépendante et libre de ses actions et mouvements.

En toute honnêteté, quelle est la personne qui te donne le plus envie ? Certes, toutes donnent envie, mais place ces quatre motivations par ordre de priorité et trouve celle qui te touche le plus, celle qui résonne le plus en toi. Celle-ci est ta motivation primaire. Aussi, dès lors que tu dois affronter un challenge qui te donne envie d'abandonner ton projet, pense à cette motivation et je peux t'assurer que ça va t'aider à continuer. Puis, quand tu as trouvé ta motivation « égoïste », cherche ta motivation « non égoïste », c'est-à-dire celle qui serait tournée vers l'extérieur, vers les autres êtres vivants et vers la planète. Cela va venir renforcer ta première motivation et diminuer davantage les probabilités que tu abandonnes.

Si je te parle de motivation égoïste en premier, c'est parce que c'est elle qui va t'amener à te dépasser et à toujours continuer. C'est en pensant d'abord à toi, en te réalisant en premier que tu pourras par la suite aider les autres, ce qui renvoie aux chapitres sur la relation à soi-même. Tu peux, si tu préfères, placer en premier ta motivation non égoïste, mais à mon sens tu te mens à toi-même en le faisant. Attention, je ne te dis pas de n'être qu'égoïste et de ne pas penser du tout aux autres, bien au contraire, mais seulement de mettre cette motivation non égoïste en deuxième et non en premier. Car comme pour les relations, tout commence par toi.

Quant tu auras trouvé ton pourquoi et tes motivations primaire et secondaire, il y a déjà une forte probabilité pour que tu ailles beaucoup plus loin que tous ceux qui ne se sont jamais posé ces questions. Mais pour renforcer encore cette probabilité et faire en sorte que tu n'abandonnes pas quoi qu'il se passe, il faut également que tu t'investisses dans ton projet, et ce, à tous les niveaux.

Travaille tous les jours pendant un an, deux ans, voire plus, 7j/7. Dépense ton énergie, ton temps et ton argent dans ce projet tous les jours pour t'investir au point que l'abandon ne serait pas envisageable. Même si des doutes s'insinuent dans ton esprit, même si des critiques te démotivent, même si des difficultés t'apparaissent comme insurmontables, tu n'abandonneras pas. Parce que tu y auras investi trop d'argent, de temps et d'énergie. Donc, tu continueras, tu persévéreras et à un moment donné tu y arriveras.

Pour en arriver là où je suis, faire ce que je veux, aller où je veux et rester autant de temps que je le souhaite dans un pays, voyager en business, avoir un bateau, ne pas regarder le prix de la nourriture que je consomme, en bref, avoir la vie de mes rêves et pouvoir impacter positivement des milliers de personnes, j'ai dédié tout mon temps, mon énergie et mon argent à ce projet en travaillant 7j/7 durant deux ans. Maintenant que je l'ai réalisé, je décide pleinement de mon emploi du temps et je peux vivre ma vie comme je le désire. Travailler deux heures, huit heures ou douze heures dans la journée est mon choix, parce que j'ai su sacrifier une partie de mon existence pour ce projet.

Voici trois petites astuces supplémentaires pour ne pas abandonner. La première est, dès le début, d'y passer énormément de temps. Profite de cette vague de motivation provoquée par le fait de te lancer dans quelque chose de nouveau pour t'y investir le plus possible. Ainsi, tu vas pouvoir avancer et progresser très rapidement, évitant de stagner à l'étape débutant où beaucoup de personnes ont tendance à s'ennuyer, à se sentir nulles et donc à abandonner.

Puis, utilise la mécanique : crée une habitude. Là où la motivation s'avérera inefficace à certains moments, l'habitude, elle, s'avérera toujours efficace pour effectuer ce que tu as à faire. Crée donc une routine qui t'aide à aller dans la direction souhaitée et qui t'aide à persévérer chaque jour. N'attends pas d'être motivé pour faire les choses que tu dois effectuer, mais fais-les quand tu as prévu de les faire. Peu importe si tu n'en as pas envie, fais-en une habitude.

Par exemple, si ton rêve est de devenir écrivain et que tu t'es donné comme objectif d'écrire un livre, au lieu d'attendre la motivation pour écrire, adopte l'habitude d'écrire dix pages tous les matins. Cela te permettra d'avancer même les jours où la motivation aura disparu. Et comme tu t'en rendras compte, si tu aimes ce que tu fais, la motivation reviendra dès que tu commenceras à faire la tâche en question.

Enfin, dernière astuce, mais vraiment puissante : remets ton abandon au lendemain. Oui, la procrastination peut servir et en voilà la preuve. Tu as envie d'abandonner ? Même avec un « pourquoi » puissant, même en t'y étant investi énormément, même en ayant mis en place une routine, non, vraiment, tu as envie d'abandonner, tu n'en peux plus ? D'accord, mais à une condition : abandonne demain et aujourd'hui fournis les efforts pour avancer dans la direction souhaitée.

Puis, le lendemain, si tu as envie d'abandonner, tu t'accordes ce droit, mais seulement le surlendemain, et ainsi de suite, jusqu'à ce que tu retrouves la volonté de continuer et que des résultats apparaissent.

Plus que la motivation, c'est la persévérance qui est primordiale dans tout projet. Je peux t'assurer que, quoi que tu fasses, si tu continues d'avancer dans la direction de tes rêves, tu finiras forcément par y arriver. Si les gens ne réussissent pas, c'est parce qu'ils abandonnent trop tôt et parce qu'ils ne sont pas prêts à fournir les efforts nécessaires. Alors, arrête de te chercher des excuses, agis, persévère et tu y arriveras. Deviens un gagnant et utilise tes difficultés pour évoluer et avancer. La vie est faite d'imprévus, de surprises, parfois agréables, d'autres fois moins, mais face à cela tu peux toujours agir de façons différentes : soit tu abandonnes, soit tu te relèves et tu avances. Que choisis-tu ?

Si aujourd'hui tu lis ce livre, c'est parce que je n'ai pas abandonné. Pourtant, tu peux me croire, tourner une vidéo tous les jours, en plus de tout le reste à gérer, c'est difficile, challengeant, compliqué, mais c'est réalisable. Oui, il m'est arrivé d'avoir envie d'abandonner, d'être fatigué, de n'avoir plus d'énergie et de motivation. Cela m'est arrivé de me lever et de me dire « Ah non, aujourd'hui je fais une pause », mais au final je travaillais quand même et grâce à cette discipline que j'ai installée dans mon quotidien, j'ai développé une forte volonté.

Si je te raconte cela, ce n'est pas pour te narguer ou te rabaisser, loin de là. Je ne suis pas un surhomme, je ne suis pas meilleur que toi, non. Je connais simplement ces clés que j'applique au quotidien et qui m'aident à aller au bout de mes projets, à être un gagnant.

LES CLÉS DE LA RÉUSSITE

« Quand tu veux quelque chose,
peu importe les difficultés,
tu trouveras un moyen d'y parvenir. »

Chacun d'entre nous a envie de réussir. Peu importe ta définition de la réussite, ton objectif ou qui tu es, je pense ne pas me tromper en affirmant que tu as envie de réussir. Et j'ai pour toi une bonne et une mauvaise nouvelle. La mauvaise nouvelle c'est que peu de personnes réussissent ce qu'elles entreprennent. Cependant, la bonne nouvelle c'est que tu vas faire partie du petit pourcentage qui réussit si tu appliques les conseils que je vais partager dans ce chapitre et ceux des autres parties.

Si tu as osé rêver grand, si tu as osé croire que tout était possible, tu dois avoir maintenant un rêve qui te paraît très lointain, presque inaccessible. Aussi, la première étape pour le matérialiser va être de découper cet énorme objectif qui t'effraie en objectifs plus petits à l'échelle des années, si ton objectif est vraiment très grand, ou bien à l'échelle des mois.

Puis, prends ces objectifs mensuels et découpe-les en objectifs hebdomadaires, puis journaliers. De sorte que chaque jour tu aies une action réalisable pour toi qui te fasse avancer dans la direction de tes rêves. Ne regarde pas la tour qu'il faut gravir, mais bien chaque marche. Parce que gravir une tour peut paraître impossible et mener aux doutes et au découragement, tandis que monter une marche après l'autre, tu peux le faire. Pas après pas. Ne cherche pas à monter vite, mais simplement à ne pas t'arrêter, car sauter des marches est faisable, mais ce n'est jamais une très bonne idée. Donc, découpe ton objectif en sous-objectifs les plus petits possible et avance un peu chaque jour. Puis, par la suite, regarde ton évolution et sens cette énergie et cette fierté monter en toi. Regarde toutes ces petites étapes que tu as déjà dépassées. Aie confiance en toi, tu peux réussir la suite avec de la persévérance.

De même, pense à long terme. Chaque jour, avance toujours un peu plus tout en pensant à ce gros objectif que tu es en train d'atteindre. Quand tu penses à court terme, tu te focalises sur les plaisirs de l'instant, ce qui n'est pas forcément mal dans certains cas, mais dans la plupart des cas, cette pensée à court terme t'empêche de réaliser tes objectifs. En effet, avoir une pensée à court terme, c'est, par exemple, se reposer le soir en regardant la télévision au lieu de travailler sur ses projets. Plaisir de l'instant, tu te dis : « Je travaillerai demain. » Mais non, si tu veux atteindre tes rêves, il faut que tu fasses en sorte que chaque jour compte. Il faut que tu saches repousser ces plaisirs du moment pour en bâtir un plus long et beaucoup plus satisfaisant. Une fois ton objectif atteint, tu auras alors tout le temps pour te reposer, crois-moi.

Ainsi, pour que ces deux conseils fonctionnent au mieux, pour que tu puisses avancer chaque jour et penser à long terme, une troisième astuce te sera nécessaire : prioriser.

Ce point est vraiment très important. Je sais que tu veux tout faire à la fois, mais c'est trop. Beaucoup de personnes ont des difficultés à prioriser parce qu'elles veulent avancer vite et tout mener de front. Ce n'est pas mal en soi, seulement, à vouloir tout faire tu n'arriveras à rien. En choisissant de tout mener de front, tu t'éparpilles et perds beaucoup de temps et d'énergie.

Donc, choisis un objectif, celui qui te tient le plus à cœur, celui qui va avoir un impact majeur sur ta réalité et reste focalisé sur celui-ci. Découpe-le, réfléchis-y, travaille dessus chaque jour, et rien que sur celui-ci. Une fois que cet objectif sera atteint, tu pourras alors te consacrer aux autres, mais pas tous en même temps.

Adopter le plus souvent possible la pensée systémique t'aidera également à atteindre tes objectifs. Qu'est-ce que la pensée systémique ? C'est voir tous les points se relier. C'est observer la construction et l'interdépendance des événements pour avoir un retour sur tes actions. C'est observer le processus à la fois dans sa totalité et de manière détaillée, car le tout est formé à partir des détails. La pensée systémique s'oppose à la pensée linéaire, parce que la pensée linéaire c'est ne voir que l'action et la réaction. La pensée linéaire n'est pas fausse en soi, mais elle est partielle, car elle évacue de nombreux éléments importants dans la compréhension du processus.

Pour éclairer mon propos, prenons l'exemple d'un entretien d'embauche. Penser de façon linéaire, ce serait se dire : « J'ai passé un entretien d'embauche (action) ; j'ai été engagé (réaction). » Tandis que penser de façon systémique, ce serait te demander comment tu en es arrivé à avoir un entretien d'embauche, ce que tu as dit, fait, pensé durant l'entretien, quelle était ta posture, quel jour c'était, quel temps il faisait, quels éléments ont eu l'air de plaire au recruteur, etc. La pensée systémique, c'est faire vraiment attention aux détails qui ont amené à un résultat global. Ainsi, en adoptant une pensée systémique, tu pourras apprendre des situations soit pour t'améliorer par la suite, soit pour refaire la même chose afin que tu réussisses une nouvelle fois. Cela te permet d'avoir des retours constructifs et riches, afin que tu puisses évoluer et t'améliorer constamment.

Ensuite, pour réussir il te faudra agir ! N'attends plus de te sentir prêt, n'attends plus le bon moment, les bonnes personnes, le bon environnement, les compétences nécessaires, etc. Non, passe à l'action, là, maintenant. Aujourd'hui est le moment idéal pour agir parce qu'aujourd'hui tu disposes de cette vitalité, de cette énergie, de cette motivation pour atteindre ton but. Donc, sers-t'en pour te lancer. Tant que tu n'agiras pas, tu ne te sentiras pas prêt, car c'est en agissant que tu développeras tes capacités et tes connaissances. Dans tous les cas, la pire chose que tu puisses expérimenter c'est les regrets, alors fais en sorte de passer à l'action maintenant, avant qu'il ne soit trop tard.

Arrête d'avoir peur de te tromper, de prendre de mauvaises décisions, parce que c'est en prenant des risques que tu crées un changement dans ta vie. Il n'y a pas de bonnes ou de mauvaises décisions, il y a seulement des choix qui t'emmènent dans de nouvelles directions. Je sais que tu as des enfants, un travail qui te prend du temps, des crédits à rembourser, un logement à payer. Je le sais, des difficultés, nous en avons tous. Seulement, il y a des personnes qui étaient dans des situations pires que la tienne et qui ont réussi à atteindre leurs rêves, non pas parce qu'elles sont meilleures que toi, mais parce qu'elles ont mis de côté ces excuses et qu'elles ont agi. Elles ont surmonté leurs difficultés et elles ont trouvé des solutions au lieu de se plaindre. Elles ont travaillé, persévéré et elles ont réussi.

Quel exemple veux-tu prendre ? Celui de personnes qui n'ont pas eu le courage d'entreprendre les actions nécessaires pour que leurs rêves se manifestent, ou bien celui de personnes qui ont vécu les pires difficultés et qui ont réussi à s'en sortir ? Ne te donne pas d'options. L'option b, c ou d n'existe pas. Tu veux quelque chose, et peu importe les difficultés, tu trouveras un moyen de l'obtenir. Une phrase puissante que tu peux te répéter alors est : « Je vais réussir, quoi qu'il en coûte ! »

De plus, tu le sais sûrement déjà, mais ton entourage est vraiment important pour la réussite de tes projets, car là où certaines personnes vont te tirer vers le haut, te motivant et te challengeant à devenir la meilleure version de toi-même, d'autres créeront en toi des doutes, te transmettront leurs peurs et leurs croyances négatives, voire te rabaisseront. Il est donc vraiment important que tu t'entoures des bonnes personnes.

Ce qui est mieux encore, c'est de t'entourer de personnes qui font déjà ce que tu aimerais effectuer, de personnes qui ont déjà accompli ton rêve. Deux intérêts à cela. Le premier est qu'elles vont pouvoir t'aider, te guider, te conseiller pour mieux gérer les difficultés auxquelles tu vas être confronté. Cela t'évitera donc de nombreuses pertes de temps et erreurs. Le second intérêt est que tu pourras voir la réalité derrière ton rêve. Parce que bien souvent nous fantasmons notre rêve et oublions les inconvénients, les choses un peu moins agréables qui font pourtant partie du projet. Tout objectif, quel qu'il soit, a des côtés agréables et d'autres un peu moins. T'entourer des personnes qui font déjà ce que tu aimerais faire te permet alors de voir ces quelques inconvénients et ainsi de savoir si tu souhaites toujours faire ce que tu avais entrepris. Là aussi, c'est un gain de temps considérable.

Enfin, ne te compare aux autres que de façon constructive. Nous l'avons déjà vu à plusieurs reprises, la comparaison est l'une des plus grandes sources de souffrance. Si beaucoup de personnes abandonnent, c'est notamment parce qu'elles se comparent à des personnes qui ont un niveau plus élevé qu'elles, sans prendre en compte tous les efforts et sacrifices effectués par ces personnes pour arriver à ce niveau.

Donc, ne te compare pas aux autres en ne prenant en compte que l'arrivée et le fossé qu'il y a entre toi et cette ligne d'arrivée. Non, compare-toi à toi-même, à la personne que tu étais la semaine dernière, le mois dernier, voire l'année dernière. Observe ta propre évolution et cherche à devenir meilleur jour après jour. Tu peux aussi te comparer aux autres, mais pour les prendre comme exemple. Lis leurs livres, assiste à leurs conférences, regarde leurs vidéos et observe les étapes qui leur ont permis d'être là où ils sont aujourd'hui. C'est cela, la comparaison constructive : apprendre des autres.

Par conséquent, tous les jours, sans exception, effectue une action dans la direction de tes rêves. Fournis les efforts nécessaires pour que cette vision que tu as de ton avenir devienne réelle. Ferme tes yeux et imagine cet endroit où tu vis, ces personnes qui t'entourent, cette activité que tu aimes et qui te fait vivre, la personne que tu es. Ça y est, tu la vois, ta vie rêvée ? Ressens-la vraiment. Maintenant, réponds honnêtement : cette vie rêvée vaut-elle la peine de te dépasser, de surmonter tes peurs et de faire des sacrifices ? La réponse vient d'elle-même. Peu importe ton objectif, je peux te garantir qu'il y a au moins une personne sur cette planète, si ce n'est pas des centaines, voire des milliers, qui ont réussi à l'atteindre. Si elles ont pu le faire, alors tu le peux aussi. Et si jamais personne ne l'a encore fait, alors sois le premier à montrer l'exemple. Peu importe le temps que cela te prendra, persévère et n'abandonne jamais.

DIS ADIEU
À LA PROCRASTINATION

« Procrastiner, c'est s'empêcher soi-même d'expérimenter ses rêves. »

La procrastination est l'ennemie de beaucoup trop de personnes à l'heure actuelle car elle empêche la matérialisation des rêves de chacun. C'est donc un comportement qu'il te faut vraiment mettre de côté si tu souhaites avancer dans la direction souhaitée. Avant toute chose, qu'est-ce que la procrastination ?

La procrastination est ce que j'appelle l'art de remettre au lendemain. C'est ce moment où tu sais que tu devrais travailler sur tes projets par exemple, mais que tu préfères rester couché sur ton canapé à regarder la télévision, en te disant « Je le ferai demain. » Autrement dit, la procrastination c'est le fait de repousser à plus tard ce que tu devrais faire maintenant. Le piège est bien souvent que nous repoussons au lendemain ce qui nous paraît sans importance, alors que non seulement chaque jour compte quand c'est de nos rêves qu'il s'agit, et qu'en plus on sait très bien qu'on ne le fera pas le lendemain non plus, ni le surlendemain.

Aussi, que tu procrastines parce que ce que tu dois faire t'effraie, ou bien parce que cela t'ennuie, le résultat est le même : tu n'as pas effectué ce que tu avais prévu. Je comprends que cela soit difficile de se mettre au travail quand notre télévision et notre canapé nous paraissent tellement attirants, mais ça ne devrait pas l'être. Si tes priorités sont établies et claires dans ta tête et si tu penses à long terme au lieu d'à court terme, alors tu devrais réussir à te mettre au travail. Seulement, entre la théorie et la pratique, il y a toujours un certain écart et voici donc mes astuces pour t'aider à vaincre cet « art de tout remettre au lendemain ».

Tout d'abord, il te faut changer ta définition de la procrastination et prendre réellement conscience de l'impact de ce comportement. En effet, procrastiner ce n'est pas simplement remettre au lendemain, car si c'était réellement cela, alors ce ne serait pas si grave. Non, procrastiner c'est s'empêcher soi-même de réaliser ses rêves. Tu sais que tu as des tâches à accomplir dans ta journée pour avancer, et les remettre au lendemain ne fait qu'éloigner cette vision que tu as de ton avenir, d'autant plus que bien souvent tu les repousses beaucoup plus loin qu'au lendemain. Prends vraiment conscience que ce que tu fais aujourd'hui va déterminer de quoi ton lendemain va être fait. Donc, repousser ce que tu avais prévu, c'est comme barrer tes rêves inscrits sur ta feuille et la jeter. Est-ce ce que tu souhaites ? Telle est la question que tu dois te poser.

Pour vaincre la procrastination, il est également important de mettre de côté toutes les distractions, notamment ton téléphone, qui se révèle être un puissant « boosteur » de procrastination. En effet, bien souvent c'est la distraction qui te mène à la procrastination, qui t'amène à changer l'ordre de tes priorités et à trouver que regarder ton fil d'actualité Facebook est bien plus important que travailler sur tes rêves.

Donc mets ton téléphone en mode avion, voire dans une autre pièce, coupe Internet de ton ordinateur si tu n'en as pas besoin et concentre-toi pleinement sur ce que tu dois accomplir. Non seulement cela t'aidera à ne pas procrastiner, mais en plus tu seras nettement plus productif. Puis, une fois ces tâches nécessaires accomplies, félicite-toi. Sois fier de toi, d'avoir été au bout de tes tâches et d'avoir respecté ton planning. C'est important de savoir se mettre au travail pour accomplir les choses, mais ça l'est tout autant de savoir apprécier les efforts que l'on a fournis. D'autant plus que t'arrêter un instant pour ressentir de la fierté boostera ta confiance en toi et te mettra dans une belle énergie.

Si vraiment, aujourd'hui, c'est un « jour sans », où toute énergie a disparu de ton corps et où tu n'arrives pas à te mettre au travail malgré ta volonté et tes efforts, alors accepte-le et prends du temps pour toi. Oui, tu as bien lu. Être dans un état de paresse c'est déjà difficile à expérimenter, alors inutile de dépenser le peu d'énergie que tu as à te juger et à te sentir frustré.

Attention, je ne parle pas ici d'un manque de motivation ou de l'envie de succomber à la facilité, mais bien de cet état de flemme profond où malgré ta volonté de travailler, tu n'arrives pas à t'y mettre. Cela est un signe que t'envoie ton corps pour te dire de te reposer et de prendre du temps pour toi.

Ainsi, je te recommande d'accepter ton état et de t'offrir une ou deux heures maximum de pause pour te ressourcer, pour lire, te promener ou encore passer du temps avec tes proches. Deux heures pour prendre une vraie pause, non pas pour rester sur ton canapé à regarder la télévision et les réseaux sociaux. Mets tes priorités de côté et accorde-toi ce temps. Personnellement, pour que mes pauses soient efficaces, je pratique souvent une activité physique, je médite, ou bien je prends une douche froide. Cela m'aide à retrouver mon énergie et à clarifier mon esprit. Puis, une fois que tu as pris ce temps pour toi, reprends ton travail tout en ayant conscience que si tu ne le fais pas, tes rêves ne se réaliseront pas. Certes, tu ne seras sûrement pas au top de tes performances, tu seras peut-être moins productif et ton mieux d'aujourd'hui sera moins bien que ton mieux d'hier ou que celui de demain, mais ce n'est pas grave à partir du moment où tu fais de ton mieux et où tu avances. Le processus est le plus important.

Puis, en parallèle de ta lutte contre la procrastination, tu peux également chercher à améliorer ton autodiscipline, ce qui revient au même. Cela te permettra non seulement d'éprouver ce sentiment plaisant d'accomplissement, celui du leader qui parvient à tout gérer, mais aussi de gagner du temps, car tu seras alors capable d'effectuer des choses que tu n'as pas envie de faire, mais qui, tu le sais, sont nécessaires pour avancer.

Pour cela, l'exemple parfait est la douche froide. Prendre une douche froide, tous les matins, au réveil, c'est clairement de l'autodiscipline. Parce que oui, c'est dur de se mettre sous l'eau glacée en sortant du lit bien chaud, mais tu le fais parce que tu sais que cela va t'apporter des bénéfices par la suite. Donc, prendre une douche froide tous les matins, c'est une manière efficace de développer ton autodiscipline.

Tu peux aussi programmer des réponses aux tentations. Par exemple, si tu dois travailler sur tes projets et que des amis te proposent de sortir, au lieu d'hésiter et de puiser dans ta réserve de volonté, prépare une réponse comme « non, les vendredis soir, je travaille sur mes projets. » Comme cette réponse sera programmée, ce sera beaucoup plus facile pour toi de résister à la tentation. Quoi qu'on te propose, tu sais quoi répondre pour rester focalisé sur tes objectifs.

Enfin, il est bon de prendre un temps le soir pour observer ta journée et te poser certaines questions du type : qu'est-ce qui m'a permis de gagner du temps aujourd'hui ? Qu'est-ce qui m'en a fait perdre ? En quoi ai-je été distrait ? En quoi ai-je cédé à la tentation ? Au contraire, qu'est-ce qui m'a permis de résister à la tentation ? etc. En essayant de comprendre le processus et tes schémas de pensée, tu vas pouvoir connaître davantage tes forces et tes faiblesses et ainsi mettre en place des actions pour vaincre la procrastination et être davantage autodiscipliné.

Par conséquent, la procrastination est un comportement dont il faut te débarrasser pour atteindre tes rêves. Il est vrai que tu peux apprendre d'elle, car si tu procrastines, c'est essentiellement pour trois raisons : soit tu as peur, soit tu n'accordes pas d'importance à ce que tu dois faire, soit ce n'est pas ta priorité. Mais il est important de comprendre cette raison qui t'amène à procrastiner pour agir dessus et ainsi continuer à avancer dans la direction souhaitée.

Nous avons tous vingt-quatre heures dans une journée. Pourtant, certains arrivent à en tirer bien plus que d'autres et cela provient notamment de leur manière de gérer leur temps. Ne pas procrastiner, être clair sur ses objectifs et tâches à accomplir, être autodiscipliné et savoir faire des pauses ressourçantes sont autant de clés qu'il te faut connaître pour aller au bout de tes projets et ne pas abandonner.

Deviens ton propre leader, reste focus et fais preuve de détermination.

LES CAUSES DE TON INACTION

« C'est TON projet, et la seule et unique personne qui peut t'empêcher de le réaliser, c'est toi-même. »

Parfois, ce n'est pas la procrastination qui t'empêche d'avancer, mais bien d'autres choses qu'il faut savoir déterminer afin de trouver la solution. Un blocage peut venir de toi, comme de l'extérieur, au début de ton projet comme au milieu. Bref, il n'y a pas de règles en matière de blocage. En revanche, il faut savoir passer outre pour continuer d'avancer et réaliser ses rêves.

La première chose qui peut t'empêcher d'avancer est le doute qui se repère par des phrases comme « ça ne va pas fonctionner », « je n'y arriverai pas », « et si c'était le mauvais choix ? », etc. Cela provient d'un manque de confiance en toi. La meilleure solution est donc de traiter le problème à la racine en développant davantage ta confiance en toi. Pour cela, je te renvoie au chapitre sur la confiance en soi. Seulement, travailler sur sa confiance prend du temps et il est hors de question que tu attendes pour avancer vers ta vie rêvée.

Ainsi, en attendant que tu aies davantage confiance en toi, je te recommande de déplacer ton attention ailleurs que sur tes doutes. Parce qu'avoir des doutes c'est avoir des pensées négatives, et en déplaçant entièrement ton attention sur un autre point que tes pensées, tes doutes ne pourront que s'effacer sur le moment, te permettant de faire ce que tu avais prévu de faire. Il faut donc que tu te reconnectes à l'instant présent et que tu te concentres pleinement sur la tâche que tu dois accomplir. Oui tu risques d'échouer, mais c'est justement en échouant que tu réussiras, car c'est dans l'échec que tu évolues le plus.

Alors, mets tes doutes de côté, et si jamais tu échoues, relève-toi encore et encore, jusqu'à devenir plus fort et surmonter toutes les difficultés. Ce n'est pas grave d'échouer, bien au contraire, cela signifie que tu avances. Oui, tu n'as peut-être pas toutes les capacités nécessaires, mais cela n'est pas grave. À partir du moment où tu as la volonté, tu as tout ce qu'il te faut, le reste viendra par la suite.

Le deuxième élément qui t'empêche souvent de passer à l'action est la perfection. Si tu cherches à ce que tout soit parfait pour te lancer ou continuer, tu n'avanceras jamais. Car tu sais quoi ? Tu n'atteindras jamais la perfection. Le moment ne sera jamais parfait pour te lancer, tes connaissances et compétences ne seront jamais parfaites, toi-même tu ne seras jamais parfait. Alors si tu attends d'être parfait pour te lancer, tu risques d'attendre longtemps. Ainsi, au lieu de cela, cherche plutôt à atteindre l'excellence, autrement dit cherche à évoluer en permanence.

En effet, quand tu recherches l'excellence tu acceptes tes erreurs et tes manquements parce que tu es dans cette dynamique d'évolution. Certes, ce n'est pas parfait, mais ce sera mieux demain et après-demain, et ainsi de suite. C'est uniquement grâce à l'action que tu évolueras, donc mets de côté cette recherche de perfection qui te bloque et cherche plutôt à atteindre l'excellence.

Par là même, il est grand temps de mettre toutes tes excuses de côté :

« Je suis fatigué » : Tu penses mériter une pause ? C'est ton choix : soit tu continues à travailler jusqu'à matérialiser ta vie souhaitée, soit tu te reposes et tu continues d'expérimenter la même vie insatisfaisante. Quel est ton choix ?

« Ce n'est pas le bon moment » : J'espère que tu es patient parce que tu risques d'attendre longtemps avant que le « bon moment » ne se manifeste.

« Je n'ai pas le temps » : On a tous le temps. Si tu n'as pas le temps de travailler pour tes rêves, c'est que ceux-ci ne sont pas ta priorité.

« C'est trop compliqué » : Oui, et c'est normal, nous débutons tous quelque part. Est-ce pour autant une excuse pour ne rien faire ? Je ne pense pas.

« Je ne me sens pas prêt » : Raison de plus pour passer à l'action, car c'est en agissant et en échouant que tu apprendras le plus et que tu évolueras rapidement.

« Je le ferai demain » : Pourquoi attendre ? Ta vie se déroule maintenant, alors fais en sorte que chaque jour compte.

Toutes ces phrases que tu te répètes ne sont que de pures excuses. Il ne tient qu'à toi d'être prêt, d'avoir le temps, d'être en forme et de passer à l'action. Des gens qui ont réussi en débutant dans des conditions pires que les tiennes, il y en a beaucoup. Alors quel est ton choix ? Agir ou te trouver une excuse ? Telle est la question que tu dois te poser.

Ensuite, ne dis pas « je vais », « je veux », « j'aimerais », parce qu'en fait cela n'a aucune importance. Tu peux dire « je vais faire ceci ou cela », mais tant que tu n'as rien fait, ces mots n'ont aucune valeur. Alors, fais en sorte que tes actions parlent plus que tes mots. Arrête de répéter sans cesse « je vais faire cela », non, fais. D'autant plus que quand tu dis « je vais » ou encore « j'aimerais » tu utilises le futur ce qui montre un écart entre ta réalité et ton désir. Pourquoi ne pas changer cela pour le mettre au présent en y travaillant dès aujourd'hui ?

Il est temps de devenir la personne que tu veux être plus tard en changeant tes pensées et tes actions, là, en cet instant.

Enfin, dans beaucoup de cas, l'inaction peut provenir de remarques reçues des autres. De ces amis, ces membres de ta famille, ces collègues, ou même des inconnus qui t'ont dit « non, ça ne fonctionnera pas », « cela est impossible », « c'est la pire erreur de toute ta vie ». Comment garder confiance et passer à l'action après avoir reçu de telles remarques ?

La meilleure solution est de les ignorer et de rester focalisé sur ton projet. Oui, il peut être important de te remettre en question et de prendre en compte l'avis des autres, mais pas de n'importe qui. Ces personnes qui insinuent des doutes dans ton mental sont-elles des personnes qui connaissent ton domaine ? Sont-elles des personnes qui ont réussi ou qui ont échoué ? Ce sont des questions importantes à te poser, car il serait dommage de ne pas réaliser ton rêve à cause de remarques émises par des personnes qui n'y connaissent rien. Je ne dis pas que ces personnes ont de mauvaises intentions, au contraire, elles veulent bien souvent te protéger, seulement ces critiques et ces mises en garde ne sont liées qu'à elles, à leur histoire, à leurs expériences, à leurs échecs. Toi, tu es différent.

Tu as d'autres capacités et d'autres ressources, tu es simplement quelqu'un d'autre avec une autre histoire. Aussi, tu peux tout à fait y arriver, même si ces personnes qui te font douter ont échoué.

Par conséquent, si tu as l'impression de stagner dans ton évolution ou que tu n'arrives pas à te lancer réellement dans ton projet, il est vraiment important que tu prennes en compte ces quelques éléments pour y apporter de la conscience et ainsi trouver une solution. Que ce soit le doute, la recherche de la perfection, les excuses, les paroles en l'air ou le regard des autres, ce sont autant d'éléments qui t'empêchent de réaliser tes rêves. Or, as-tu envie de rester là où tu es, de ne pas avancer vers ta vie rêvée à cause de ces éléments ? Je ne pense pas. Alors, surmonte cette difficulté à laquelle tu fais face. Oui, avoir des doutes ce n'est pas confortable. Oui, faire face aux jugements et critiques de tes proches ce n'est pas agréable. Oui, dépasser tes excuses c'est compliqué, mais tu sais quoi ? Ne pas vivre ses rêves est encore plus inconfortable, désagréable et compliqué. Alors, sors de ta zone de confort, sois vulnérable, travaille et persévère.

N'oublie jamais que peu importe le rêve que tu as en tête, il est réalisable. Pas forcément de la manière dont tu le conçois, au moment que tu souhaites et dans les conditions que tu as imaginées, mais il est réalisable.

FAIS DE L'ÉCHEC TON ALLIÉ

« Va à la rencontre de l'échec et arbore-le fièrement, car il est le signe que tu avances vers ta vie rêvée. »

Si je te demande « Est-ce que tu aimes échouer ? », que me répondrais-tu ? Sûrement que non, voire que tu as peur de l'échec. Si cette réaction est normale, parce que bien souvent durant notre enfance on nous fait assimiler le fait de perdre au fait d'être nul, faible et incapable, donc à quelque chose de très négatif, cela ne devrait pourtant pas être le cas. Non, échouer ne signifie pas que tu es nul, mais seulement qu'il te manquait un ou plusieurs éléments pour réussir sur le moment. C'est donc en échouant que tu as pu prendre conscience des éléments qui te manquaient afin de combler tes lacunes et d'évoluer pour réussir les fois suivantes.

L'échec est loin d'être négatif. Il est même inhérent à ta réussite. Chaque échec est un pas de plus vers l'atteinte de tes objectifs. Tu devrais donc être fier de tes échecs, car cela signifie que tu as su passer à l'action, sortir de ta zone de confort et te montrer vulnérable.

Ainsi, il est important de changer ta perception de l'échec. Prends conscience qu'il est normal d'échouer et que tout le monde passe par là, d'autant plus ceux qui osent se lancer dans leurs rêves. Crois-tu que ces personnes qui ont réussi n'ont jamais échoué ? Bien sûr que non. Mais la différence qu'il y a entre eux et ceux qui ont réellement échoué, c'est qu'eux ont su se relever et continuer d'avancer. Ils ont considéré leurs échecs comme des opportunités pour apprendre davantage. Ils ont échoué encore et encore, jusqu'à réussir. C'est cela, le schéma de la réussite : échouer, se relever, échouer, se relever, échouer, se relever, et ainsi de suite.

Crois-tu qu'un enfant marcherait s'il avait peur de l'échec ? Il tenterait de faire quelques pas, tomberait et resterait à terre pour le restant de sa vie. Mais non, l'enfant se relève, encore, encore et encore. Il n'a pas peur de l'échec, il le cherche même. Prends-le comme exemple et apprécie ce processus d'évolution dans lequel tu te trouves. Ne te focalise pas que sur les résultats, mais bien sur ton évolution, sur ton parcours. Échoue et relève-toi plus fort, plus intelligent, plus connaisseur de ton domaine. Grandis dans l'échec.

Donc, prends conscience, réellement, que sans l'échec tu ne pourrais réussir, et si jamais tu réussissais, alors tu n'aurais pas ce sentiment d'accomplissement. Parce que pour te sentir fier et accompli, il faut que tu aies échoué et que tu aies su te relever. Il faut que tu aies été confronté à des difficultés, à des problèmes que tu as su régler. Si tu n'échoues pas, cela signifie soit que tu restes dans ta zone de confort, soit que tu n'essaies même pas. Dès lors, comment comptes-tu matérialiser ta vie rêvée ?

Si tu souhaites trouver une solution pour ne jamais échouer, perdre, te tromper, cela est simple : fais constamment la même chose et ne prends pas de risques. Mais la mauvaise nouvelle c'est que tu n'évolueras pas. Tu es bien plus capable que tu ne le penses, alors cesse de douter de toi, de tes capacités et de ton projet. Sois courageux et affronte tes peurs, va à la rencontre de l'échec et arbore-le fièrement, car il est le signe que tu avances vers ta vie rêvée.

PASSE AU NIVEAU SUPÉRIEUR

« Chaque pas compte, ne les sous-estime pas et entre dans ce processus de constante évolution. »

Beaucoup de personnes aimeraient maîtriser une nouvelle compétence, telle qu'une langue étrangère ou encore un instrument de musique, mais peu y arrivent réellement. Est-ce ton cas ? Des études ont été faites sur des violonistes et ont montré que pour devenir un maître dans un domaine d'activité, il faut pratiquer environ dix mille heures. Cela est assez énorme ! Ce n'est donc pas en pratiquant quelques heures par semaine que tu pourras vraiment devenir un expert dans ton domaine. Avoir une pratique irrégulière et peu fréquente risque même de te faire abandonner, car tu n'évolueras pas assez vite. Abordons donc, dans ce dernier chapitre, LA clé pour t'améliorer dans un domaine et en devenir maître.

Avant d'aborder l'élément clé pour devenir un expert, voyons les quatre niveaux de compétence afin que tu puisses te situer et savoir d'où tu pars. Le premier niveau est la non-compétence inconsciente, c'est-à-dire que tu penses être bon à une chose que tu n'as encore jamais faite, alors qu'en réalité tu es un débutant. Cette non-compétence est donc inconsciente, car comme tu n'as jamais fait cette chose à laquelle tu penses être bon, tu ne peux réaliser vraiment ton niveau.

Puis vient la non-compétence consciente, c'est-à-dire que tu as fait cette activité et tu t'es rendu compte que finalement tu es loin d'être bon. Malheureusement, beaucoup de personnes restent bloquées à ce deuxième niveau de compétence, voire abandonnent. Elles se trouvent des excuses comme « ce n'est pas fait pour moi » et mettent cette pratique de côté. Pourtant, elles ne sont pas nulles, elles ont le niveau correspondant au nombre d'heures qu'elles ont dédiées à cette pratique.

Ceux qui persistent et continuent de s'entraîner arrivent alors à la compétence consciente. Ils sont bons, en sont conscients, et par là même s'exposent et se montrent aux autres, ce qui est positif, car c'est en partageant que tu évolues. Mais un dernier niveau se trouve au-delà de cette compétence consciente, c'est la compétence inconsciente.

La compétence inconsciente, c'est dépasser le stade des dix mille heures de pratique, ce que très peu de personnes atteignent. C'est le niveau des maîtres, des experts et des professionnels. Quelle est la différence entre la compétence consciente et la compétence inconsciente ? Elle vient de la manière dont tu pratiques. Quand tu as atteint ce quatrième niveau de compétence inconsciente, tu ne réfléchis même plus pour effectuer la chose. Tu as tellement pratiqué que cela devient inconscient et automatique. Ton corps connaît les mouvements à effectuer et les effectue automatiquement, sans même que tu en sois conscient. Tu ne penses plus à être bon, tu l'es, simplement.

C'est, par exemple, le cas de la personne qui a conduit durant de nombreuses années et qui est arrivée au niveau où elle est capable de tourner tout en freinant, maniant le levier de vitesse, fumant et discutant. Elle effectue toutes ces actions en même temps, sans même y penser. Pourquoi ? Parce qu'elle a atteint le niveau de compétence inconsciente dans la conduite. Ses mains et ses pieds bougent et agissent automatiquement, ce qui lui permet même d'utiliser ton téléphone en conduisant (c'est un exemple à ne pas reproduire lorsque tu conduis).

Aussi, peu importe ton niveau et où tu te places sur cette échelle aujourd'hui, ce qui est important c'est ta volonté de passer au niveau supérieur. Comme tu l'auras sûrement compris, LA clé qui va te permettre de devenir un expert dans ton domaine est donc la pratique.

Ce sont tes efforts, ta persévérance et ta régularité qui t'amèneront à réellement évoluer et non à stagner. Il te faut environ dix mille heures pour être un expert, alors fixe-toi ce but et fais en sorte chaque jour de t'en rapprocher un peu plus. Deviens constant, autrement dit effectue une même tâche d'une manière répétée et prolongée dans le temps.

Si jamais, pour toi, pratiquer cette activité chaque jour est synonyme de corvée, alors cela signifie que tu n'aimes pas tant que ça effectuer cette chose-là. Parce que quand tu aimes réellement faire quelque chose, même si parfois tu n'en as pas l'envie, tu trouves la force pour pratiquer quoi qu'il en coûte et dès que tu commences, dès que tu es dans l'action, tu te sens bien. Si ce que tu ressens est similaire au fait d'accomplir une corvée, ce n'est pas grave, au contraire, c'est un indicateur que peut-être tu te trompes de direction ou du moins que faire cela, comme ceci, dans cet environnement, avec ces personnes n'est pas ce qui te convient le mieux. Prends donc cela en considération.

Ainsi, si tu veux t'améliorer et devenir un expert dans ton domaine, il n'y a pas de recette magique, mais UNE chose à faire : pratiquer, pratiquer, pratiquer. Pas une, deux, trois fois par semaine, non, plusieurs heures par jour ! Sinon tu n'atteindras jamais ce stade des dix mille heures. Je sais que dit comme cela, atteindre dix mille heures de pratique paraît impossible, mais n'oublie pas la puissance des petits pas. Au lieu de te focaliser sur ce nombre, focalise-toi sur l'instant présent, sur le processus, sur cette journée qui se déroule et agis maintenant. Si tu veux atteindre cet objectif, il ne te suffit pas de le visionner, non, il faut aussi passer à l'action, là, ici et maintenant. C'est le plus important. Chaque jour, avance, un pas après l'autre. On se moque d'où tu commences, ce qui compte c'est vraiment cette régularité dans ta pratique, cette patience et cette persévérance.

Donne-toi comme sous-objectif de pratiquer tel nombre d'heures chaque jour pendant un mois et tâche de t'y tenir. Une fois le mois passé, il y aura de grandes chances que tu puisses continuer de pratiquer chaque jour durant un deuxième mois, puis un troisième, et ainsi de suite.

Chaque pas compte, ne les sous-estime pas et entre dans ce processus de constante évolution.

Par conséquent, je ne pense pas me tromper en affirmant que nous voulons tous une chose : être heureux. C'est pourquoi définir tes objectifs et mettre en place des actions pour les réaliser est nécessaire pour ton épanouissement. Il ne s'agit pas d'avoir un objectif simplement pour en avoir un. Non, il faut que cet objectif t'inspire, te donne envie de te dépasser et qu'il ait un impact sur le monde. Il faut que ce rêve soit ta mission de vie. Je ne te dis pas forcément de changer le monde, mais simplement d'apporter quelque chose aux autres. Vouloir devenir musicien pour partager sa musique avec les autres, par exemple, est un moyen d'avoir un impact sur le monde.

Le but d'un objectif n'est pas de te mettre la pression pour l'atteindre, mais de te donner une direction à suivre, de te donner un but et l'envie de te lever de ton lit chaque matin. Aussi comprends bien que tu ne peux pas te tromper. Si, à l'heure actuelle, tu es complètement perdu quant à ce que tu veux dans ta vie et que tu te dis que cette direction pourrait t'aller, mais que tu ne sais pas trop, vas-y et vois après. Dans tous les cas, aller dans cette direction te fera évoluer. Dans notre société, on perçoit et on qualifie souvent les gens qui changent d'avis, de direction, de travail, de personnes instables. Or quel mal y a-t-il à évoluer et à changer ? Je le répète, tu ne peux pas te tromper ! Donc tente, expérimente, teste et comprends ce qui est vraiment important pour toi dans ta vie. Comprends ce qui te fait vibrer.

Une fois que tes objectifs seront clairs, bien qu'ils évolueront encore au cours du temps, passe à l'action. N'attends pas, ne te trouve pas d'excuses, lance-toi ! Crois en toi, en tes capacités et en ton projet. Aie le courage de le mener jusqu'au bout. Oui, cela va être difficile, inconfortable, intimidant et fatigant. Oui, tu vas échouer encore et encore. Mais tu sais quoi ? Tu en vaux la peine. Tes rêves en valent la peine. Honore ta vie chaque jour en avançant vers ce qui te tient à cœur. Pratique, pratique, pratique, persévère et tu réussiras, je te le garantis.

Fais en sorte qu'au dernier jour de ta vie, tu puisses te dire : « wow, j'ai eu une vie géniale ! »

CONCLUSION

Nous voilà déjà arrivés à la fin de ce livre et c'est non sans émotion que je vais conclure ici tous les enseignements que j'ai partagés. J'espère sincèrement que tu auras pris autant de plaisir à le lire que j'en ai eu à l'écrire et je tiens avant toute chose à te remercier, toi, pour ton soutien au quotidien, et moi-même pour avoir pris la décision de bâtir la vie de mes rêves. Aujourd'hui, j'espère que ce sera toi qui bâtiras la tienne.

Les clés que j'ai partagées tout au long de ce livre sont principalement tirées de mon expérience personnelle, de ce que j'ai pu vivre, expérimenter, apprendre au cours de formations, conférences, à la lecture de centaines d'ouvrages. Je ne dis pas que tout est vérité absolue et que tout va fonctionner pour toi, mais seulement que tout cela a fonctionné pour moi et je me devais donc de le partager avec toi en toute humilité. Je ne suis pas surhumain et je ne suis pas meilleur que toi, j'ai simplement la volonté et la détermination de me bâtir une vie rêvée. Chaque jour, sans exception, j'avance un peu plus vers mes rêves, j'affronte mes peurs, je sors de ma zone de confort et je pratique là où j'en ai besoin. Et toi ? As-tu la volonté de vivre la vie que tu mérites ? As-tu la volonté de te lever plus tôt chaque matin, de te coucher plus tard chaque soir, d'avoir moins de temps libre, de travailler pendant tes week-ends et tes vacances, d'échouer et de te relever ? En as-tu le courage pour que tous ces rêves, toutes ces idées que tu as en tête se concrétisent ?

Nous sommes tous capables de réussir ce que l'on souhaite. Ce qui différencie ceux qui réussissent de ceux qui abandonnent, c'est la persévérance, la patience, la capacité à se relever après des échecs et à continuer coûte que coûte. Alors, arrête de te trouver des excuses. Des difficultés, nous en avons tous. Mais qui veux-tu être, celui qui abandonne à la moindre difficulté ou celui qui persiste jusqu'à réussir ?

Que retenir d'un ouvrage comme celui-ci ? Que faire après sa lecture ? Un mot : agir. Je ne veux pas que tu lises ce livre et que tu te dises « oui, il était bien » tout en le reposant sur ton étagère afin de passer au suivant, non. Ce livre est une base à partir de laquelle tu peux te lancer, ce livre est un guide tout au long de l'aventure que constitue ta vie. Tu as tout ce qu'il te faut maintenant, alors qu'attends-tu pour passer à l'action ? Là, maintenant, c'est le bon moment.

Avant de mettre un point final à cette belle aventure que nous venons de partager, laisse-moi te rappeler une dernière fois quelques phrases qui résument bien tous mes propos :

Tu es le maître de ton état interne ;

Tout commence par toi ;

Les grandes choses se construisent à partir des détails, ne sous-estime jamais la puissance des petits pas ;

Le bonheur se trouve en l'instant présent ;

Ne te limite pas dans ta manière de penser ;

Agis chaque jour dans la direction de ta vie souhaitée ;

N'oublie jamais que tu as la responsabilité de ta vie. Si tu es là où tu es aujourd'hui, c'est grâce ou à cause de toi et cela est formidable, car ça signifie que tu as la possibilité et le pouvoir de changer ta vie si tu le souhaites. Je te souhaite sincèrement d'atteindre tes rêves, d'être fier de toi chaque jour et de te reconnecter à cette joie intérieure, tout en aimant le processus d'évolution dans lequel tu te trouves et en exprimant ta gratitude pour chaque instant passé.

Un chapitre s'ouvre à toi, que décides-tu d'en faire ?

REMERCIEMENTS

Arrivé à la fin de ce beau projet que représente pour moi ce livre, je souhaite adresser quelques remerciements.

Je remercie, tout d'abord, toutes les personnes que j'ai pu croiser sur mon chemin et qui m'ont aidé à développer l'état d'esprit que j'ai aujourd'hui. Je remercie ces personnes rencontrées au cours de mes voyages, aux quatre coins de cette planète, qui m'ont inspiré dans mon évolution. Je remercie ces personnes, peu nombreuses, qui m'ont soutenu dans les moments difficiles, qui ont cru en moi dès le début et qui m'ont aidé à avancer chaque jour quand je n'avais qu'une envie : abandonner.

Je remercie également toutes ces personnes qui m'ont fait douter un jour de mes capacités à réussir, toutes ces personnes qui n'ont pas cru en moi et qui m'ont dit que ça n'allait pas fonctionner. Toutes ces personnes qui m'ont jugé, critiqué, rabaissé. Je remercie toutes celles qui ont voulu m'empêcher de vivre ma vie rêvée, volontairement ou involontairement. Car au travers de leurs critiques, j'ai trouvé ma force pour avancer, évoluer et en ressortir plus fort.

Je remercie, aussi, la vie. Je la remercie pour tout ce qu'elle m'apporte au quotidien. Pour tous ces challenges envoyés, toutes ces difficultés qui m'ont permis de devenir la personne que je suis aujourd'hui, mais aussi tous ces cadeaux et toute cette beauté. Je la remercie surtout pour chaque jour qu'elle m'a donné de vivre.

Je me remercie, enfin, moi-même. Je me remercie d'avoir pris cette décision de tout donner pour vivre ma vie rêvée. Je me remercie d'avoir osé passer à l'action, d'y avoir cru et surtout de ne jamais avoir abandonné. Je me remercie d'avoir toujours continué coûte que coûte, d'avoir persévéré quand les résultats ne se montraient pas, de m'être relevé malgré les échecs, les erreurs et les doutes et d'avoir su faire des sacrifices pour vivre cette vie inspirante.

Et je te remercie toi, lecteur, pour m'avoir fait confiance et pour être arrivé au bout de ta lecture. Mais je te remercierai davantage encore lorsque tu auras mis en pratique tout ce que tu viens de lire, car alors mon livre aura pris tout son sens.

RETROUVEZ JEAN

- Sur son site Internet : https://www.jeanlaval.com

Plongez davantage dans l'univers inspirant de Jean au travers d'articles et de vidéos variées. Abordant un vaste panel de sujets, Jean s'évertue à publier une vidéo et un article par jour pour vous apporter toujours plus de conseils. Il est temps de vivre la vie que vous méritez !

- Dans des formations en ligne accessibles partout : https://www.jeanlaval.com/formations/

Pour aller encore plus loin et véritablement révolutionner votre vie, découvrez toutes les formations en ligne que propose Jean.

Méditation : au travers de cette formation, débutez ou approfondissez votre pratique de la méditation. Des bases aux techniques avancées, cette formation vous donne toutes les clés pour enfin bénéficier des multiples bienfaits de cette pratique. À vous la sérénité, le calme intérieur et le contrôle de votre mental.

Cours de yoga en ligne : accessibles à tous et à petit prix, découvrez la puissance du Kundalini yoga dans des cours en ligne proposés par Jean. Des principes de ce yoga à sa pratique, ces cours vous apporteront énergie et joie au quotidien !

Confiance en soi : parce que la confiance en soi est la base pour une vie épanouie et des projets réussis, développez pas à pas votre confiance en vous grâce à cette formation. Vidéo après vidéo, vous apprendrez ainsi à mieux vous connaître, à comprendre la racine de votre manque de confiance en vous et à agir pour enfin matérialiser vos rêves. Devenez inarrêtables !

29 challenges : sortez de votre zone de confort et faites passer votre vie au niveau supérieur grâce à ces 21 jours de challenges. Chaque jour, vous relèverez un défi qui boostera votre confiance et vos relations. Prêts pour tenter l'aventure ?

YouTube : qui n'a pas rêvé, un jour, d'ouvrir une chaîne YouTube qui fonctionne, de bâtir une communauté autour de sujets passionnants et, en plus, d'en dégager un revenu conséquent ? C'est ce que propose Jean dans sa formation sur YouTube. De la création de votre chaîne à sa monétisation en passant par votre communauté et votre état d'esprit, apprenez tout de A à Z, clic après clic, sur le fonctionnement de YouTube !

Devenir coach de vie : coach depuis déjà plusieurs années, Jean décide d'aller plus loin encore en proposant tout un programme formateur destiné aux coachs et futurs coachs. De l'état d'esprit aux finances en passant par le marketing et la manière de coacher, ce programme dense et riche est un incontournable pour tous ceux qui souhaitent se lancer dans cette activité ou l'approfondir.

Vous avez là toutes les clés
pour approfondir davantage les concepts
abordés dans ce livre.
Alors qu'attendez-vous pour ENFIN
vous bâtir une vie sur mesure ?
Nous comptons sur vous !

Rendez-vous sur : https://www.jeanlaval.com/formations/

13423

Composition
NORD COMPO

Achevé d'imprimer en Espagne
par BLACKPRINT
le 2 février 2022

Dépôt légal : mars 2022
EAN 9782290364222
OTP L21EPBN000606N001

ÉDITIONS J'AI LU
87, quai Panhard-et-Levassor, 75013 Paris

Diffusion France et étranger : Flammarion